拥抱十年后的自己

Lydia木木◎著

经济日报出版社

图书在版编目（CIP）数据

拥抱十年后的自己 / Lydia 木木著. — 北京：经济日报出版社，2019.11（2020.3 重印）

ISBN 978－7－5196－0583－4

Ⅰ. ①拥… Ⅱ. ①L… Ⅲ. ①职业选择－通俗读物 Ⅳ. ①C913.2－49

中国版本图书馆 CIP 数据核字（2019）第 248308 号

拥抱十年后的自己

作　　者	Lydia 木木
策划编辑	郭明骏
责任编辑	黄新茹　陈莎莎
出版发行	经济日报出版社
地　　址	北京市西城区白纸坊东街 2 号 A 座综合楼 710（邮政编码：100054）
电　　话	010－63567684（总编室）
	010－63584556　63567691（财经编辑部）
	010－63567687（企业与企业家史编辑部）
	010－63567683（经济与管理学术编辑部）
	010－63538621　63567692（发行部）
网　　址	www.edpbook.com.cn
E－mail	edpbook@126.com
经　　销	全国新华书店
印　　刷	北京鑫瑞兴印刷有限公司
开　　本	1/32
印　　张	7.5
字　　数	154 千字
版　　次	2019 年 12 月第一版
印　　次	2020 年 3 月第三次印刷
书　　号	ISBN 978－7－5196－0583－4
定　　价	48.00 元

前言：你想过 10 年以后的生活吗？

10 年前的我，大学刚毕业，进入银行。当时朴素地认为，专业又对口，单位名气又蛮大，我应该有着光明的未来。

那会儿天天迎着朝阳搭公交车上班，朝气蓬勃地，仿佛生活刚刚开始，绝对想不到 10 年过去竟会是这个样子。

没有说现在不好的意思，但至少它和我曾经设想的生活有着很大偏差，万幸，这种偏差并不是完全负面的。

每个刚踏上工作岗位的人，或者步入社会两三年的人，都有各自的迷茫，对日复一日的生活感觉似懂非懂，对未来将要走到什么方向上茫然无措，在遇到一些挫折时张口结舌，总是事后才想起来该如何应对。

我也是从这个阶段走过来的。跌跌撞撞，吃了不少亏，走了好些弯路，虽然总体上算下来觉得自己没输。但不得不承认，有些关键节点上，如果有人指点我一下的话，还能做得更好。

这就是我写这本书的初衷。

对于工作经验 10 年以内的人，我有很多可以分享的方法，帮助你走得更稳一些。至于 10 年以后的路要怎么走，有待于我自己先趟一遍看看。

最初是在微博上收到很多粉丝的提问，很多小事，说起来很微不足道，但又足以让大家感到非常困扰，就像鞋里有沙，让你走起来怎么都不舒服，影响前进速度。

比如：如何选择行业、怎么写简历、群面怎么表现自己、为什么要定期汇报、怎么让领导看见你的辛苦、想提加薪怎么办、到哪里找新的工作机会……看似都是小事，但却非常重要。

于是，我曾在公号里逐篇回答这些疑问，把我曾经跌过的跤、走过的弯路一点点分享出来，希望能让大家省点麻烦，别再犯不必要的错。

无论处于哪个行业，工作都是门技术，有它的内在逻辑、操作规范、注意事项。很多岗位之间这些技巧还可以互通，你应该像学骑车、学打球、学画画一样，先找到逻辑，再勤加练习，而不是仅凭本能去胡乱应对。

大学毕业以后，步入社会的路才刚刚开始，关于人生的学习也才刚刚开始。如果把职场比喻为狩猎场，学生时代的你一直在训练场里热身，踏入职场的那一刻起，才算是正式开局了。

和训练场不同的是，从此以后，你的每一次操作都是实战，都有它的代价和后果，你若不谨慎，那就只能愿赌服输；倘若技不如人也只能擦干眼泪，埋头苦练，再来一次。

10 年前我刚开始工作的时候，懵懵懂懂，很多事如同“只缘身在此山中”，直到全都经历完了才算明白当时是怎么回事，但是也没有再来一次的机会了。

这本书就像是跳开在肉身之外，从旁观者的角度去描绘职场新人所在的处境，用另一个视角去看到底有什么更好的解决办法，能不像当初那么傻愣愣。

所以你可以在这里找到非常详尽的操作规范，从如何选择适合自己的行业，到怎么挑选和你脾性相符的老板，再到怎么笔试面试、如何树立工作目标、怎么能表现得优秀、升职加薪怎么谈……

你可以自己读。

可以和宿舍同学一起讨论，互相模拟提问。

可以给准备找实习的表妹提前打个预防针。

可以送给让你头疼的小朋友，给她私下加个餐……

总之希望大家能在这本书里有所收获，找到最适合你的打开方式。不过最关键还是在于反复实践，并在实战中找到改良方法，不断优化解决路径。

你也许会觉得没有那么快见效，也许试用了一两次觉得很困难想放弃，但要记住，读到和掌握是两件事，不要梦里走了千里，醒来还在原地，去尝试，然后反复锤炼自己。

可以从今天起，尝试规划一下 10 年之后你将做什么样的工作，获得什么样的职级，带什么样的团队，又将如何把你摸爬滚打锻炼出来的一身本领传授给那些和当初的你一样懵懂的小朋友们。

我先走过这些路，留下这些记录供你参考；你也将和我一样，有很多话对后辈们说。我们就这样一帮一、一传一，把这些技能输送下去，如同那句温暖的“姐姐来了”，有我在，你别怕。

目录

前言：你想过 10 年以后的生活吗？ 1

Chapter 1　直面自己　学会选择　1

Lesson 1 情商不是说话好听的能力　而是情绪控制力　3

Lesson 2 拉长战线　适度从容　9

Lesson 3 做好的选择　然后相信时间的力量　14

Lesson 4 你面试是为了什么　18

Lesson 5 我们怎么挑老板　23

Lesson 6 北上广深怎么选　28

Chapter 2　职业规划到底有多重要　35

Lesson 7 都在说职业规划　到底什么是好的职业规划　37

Lesson 8 你以为人到中年才有职场中年危机吗　44

Lesson 9 你太想要直接的答案　就一定会被骗　52

Lesson 10 这年头谁还不转几次行 58

Lesson 11 你能通过背景调查吗 66

Lesson 12 人生的路越走越窄 71

Lesson 13 既要埋头做事　也得抬头看路　长路漫漫要少摔跤 76

Chapter 3　让你如虎添翼的工作技巧 83

Lesson 14 什么是一个实习生的本分 85

Lesson 15 工作的第一课叫作“学会汇报” 92

Lesson 16 工作场合　年轻人到底该不该端茶倒水 96

Lesson 17 寻医问药　不如自己寻找灵丹妙药 100

Lesson 18 遇到了职场霸凌？欢迎来到真实的世界 108

Lesson 19 如何圈地 115

Lesson 20 酒香也怕巷子深　正确邀功是职场基本功 121

Lesson 21 什么才是谈涨薪的正确姿势 126

Lesson 22 我为年轻时对领导的偏见感到抱歉 132

Lesson 23 什么是好的工作态度 135

Lesson 24 60 分的推进胜过没有推进 139

Lesson 25 你是否能团结一切可团结的力量　144

Lesson 26 做个职场中说话好听的人　147

Lesson 27 造个好人设　成功一大半　151

Lesson 28 尊重你的作品　你就是你的作品　158

Lesson 29 工作 10 年才知道　什么叫正确的沟通　163

Chapter 4　无论工作还是生活　拎得清最重要　171

Lesson 30 任何麻烦一招鲜：项目思维战胜一切　173

Lesson 31 你会送礼吗　181

Lesson 32 别以学历论英雄　条条大路通罗马　187

Lesson 33 学会订立明确可执行的目标　并去拆解它　193

Lesson 34 别总想着删号重练　去正面刚　199

Lesson 35 该怎么对待你的钱　204

Lesson 36 你的第一份商业保险怎么买　213

Lesson 37 该在春天做的努力　不要拖到秋天再补　219

后记：把余生当作长跑来看　224

Chapter 1
直面自己　学会选择

Lesson 1
情商不是说话好听的能力
而是情绪控制力

职场中经常听到一句话:“XXX 情商很高，大家都很喜欢他”，或者“还是 XXX 情商厉害，能搞定客户”。

很多人把情商高等同于说话好听、办事懂得照顾别人、能够让别人喜欢。对于那些说话比较直接，性格比较鲜明的人来说，这是一种莫名的压力:会担心别人诟病自己的情商，从而畏畏缩缩，不敢表达真性情。

诚然，让别人舒服、喜欢都是很厉害的人际交往能力，但这只是情商的子集。

从定义上说，情商（EQ）全称情绪智力，主要是指人在情绪、意志、耐受挫折等方面的能力，可以扩展为 5 个主要领域:

了解自身情绪、管理情绪、自我激励、识别他人情绪、处理人际关系。

从发展上来说，1925 年是起源。当时，美国心理学家桑代克（Thondike）提出了社会智力（social intelligence）的概念。他认为，拥有社会智力的人“具有了解及管理他人的能力，能在人际关系上采取明智的行动”，并把“社会智能”描述为与他人相处的能力。

在后面的几十年中，EQ（Emotional Quotient）的概念逐步被心理学家们丰富、完善成为系统的理论，并逐步认可了其在个人发展中的重要性。

直到 1995 年，哈佛大学的丹尼尔·戈尔曼教授出版 *EQ* 一书，将 EQ 一词带出了心理学的学术圈，走入人们的日常生活。他认为，过去人们认为高 IQ 就等于高成就，但实际上，“EQ 是人类最重要的生存能力”。

他将 EQ 引向了和领导力挂钩的方向上：在任何的人类团体中，领导人都具备影响人们情绪的最大力量，而只有最杰出的领导人，才能体会到情绪在工作场合扮演着重要的角色，不仅可以达到提升企业业绩、留任人才等有形的收获，还有许多重要的无形收获，如提高士气、冲劲及责任感。

书中有句话：“要成为卓有成效的领导人，你必须能在截然不同的领导风格之间灵活切换”。至此，企业中开始出现了对情商的要求和评估，尤其是针对领导人才的选拔，EQ 成了一个重要的因素。

以上概念的来源充分表明了情商更多是对情绪的体察和调节，其中一个应用方向是落实在人际关系和团队管理中。那么针对不带团队的小兵，是不是就不需要情商了呢?

并不是。即便你没有调节他人情绪的机会，管理好自己的情绪也尤为重要。

情绪有好有坏，有高涨有低沉，当情绪剧烈波动时，人会不理智地做出某些行为，而这些行为会给你的职业表现带来不同的影响，同样有好有坏。

有不少粉丝和我询问职场问题。前两天有人问，说新来的主管对她颐指气使，动辄大呼小叫当众批评，怀疑是给她小鞋穿。有次他当众批评她之后，她气得当场就提了辞职，但后续又很后悔，因为公司和平台都很好，而且也没找到工作。

我跟她说，先去主管的领导那里挽回工作机会，然后再同步找其他工作，找到就跳槽。因为这么一闹，主管就更容不下她了，等于说，一次控制不住的情绪给自己带来了必须换工作的麻烦。

职场就是这样的，让你欣喜若狂的时候少，让你愤怒沮丧的时候多，尤其是当人微言轻的时候，要控制住大喊一声我不干了的冲动，毕竟现在工作也不好找，好不容易做出的成绩因为一时情绪被抹杀了也很冤枉。

她这个案例应该怎么处理呢?我觉得可以这样：首先分辨

主管到底是故意为难，还是正常的业务要求只是表现形式太过激了。若是前者，当众被为难，围观群众心里都是明白的，暂且记下，事后找主管的领导聊一聊，表一表委屈，对方为了团队和谐自然会要求主管不要随心所欲呵斥下属，你的困局解了。若是后者，那只能自己改善作业质量。

还有个案例，一个职场新人被派去给客户送材料，结果可能因疏忽拿错了，被客户当场训斥，因为太委屈忍不住哭了。客户很诧异，当时安慰她，后续跟她主管说："把这个人调出项目组，太脆弱了。"

大家进入工作岗位，尤其是业务一线，被投诉、被训斥都是正常现象，尤其是当你业务不熟练，或者对方正在气头上，那就更容易起冲突。无端被训斥，在你看来自然很委屈，当时控制不住情绪，有的人是哭起来，有些人甚至还跟对方打起来，那更是不好处理。

建议把工作当成寻常事件：既不要投入太多积极情绪，当负面情绪出现时也不要任情绪一味发酵，最好就是排除情绪对工作的影响，把工作任务看作是没有感情的。因为一旦当你情绪高涨时努力工作，那必然就在低落时没有好的产出，工作结果不是恒定的，这并不是最优解。

工作是一件寻常的事，大家因为共同的目标和利益聚拢在一起，在配合的时候各有各的脾气和目的也是正常现象，不应该对同事怀有太高期望，要知道大家是以做事为目的，而非过来交朋友的，那么出现摩擦、争执都很正常。

但并不是让你一味忍让，什么错都往自己身上背，这也是不对的。大家要学会调节情绪，无论是自己的，还是他人的，在针锋相对的时候适当避让，不要硬杠，事后待事态缓和下来，再和对方沟通，一般人对自己的无礼行为也会反省道歉。

情绪要能为你所用，无论是积极的，还是消极的。情绪应该成为你的工具，帮助你更好地凝聚力量、获得支持、取得信任以及渡过难关，而不是成为你的负累：不恰当地表现出你的脆弱、狼狈和无能。

当你带团队时，尽量体察其他人的情绪，不要做伤害团队士气的事情，不要说打击他人自信的话，以和为贵。当对方情绪剧烈波动时，可以适当停一停，先缓解了情绪再继续推进，人在气头上很容易做出过激反应，会影响作业质量。

但这并不意味着你要去讨好所有人。既然情商更侧重于对情绪的控制和引导能力，那你也不该被人际关系所累，做到所有人满意几乎是不可能的任务，尤其当你是团队领导时。

你的目标应该是“尽可能顺畅地推进项目”，而不是“让大家都说我好”。因此，适当地牺牲一些“好人缘”也是必要的，不需要总是违心地做老好人，只要目标是为了工作，而非对他人刻意人身攻击。

建议大家从情商的误读中走出来，减轻工作中的人际关系给自己带来的困扰，不去做那些不情愿的事、承担本不该是你的任务、为了避免得罪人而忍气吞声等。这都是对你的压迫，可以置之不理。

对自己了解越深刻，才能越深刻地去洞察别人。与大家共勉。

Lesson 2
拉长战线　适度从容

我经常会接到很多焦虑的提问，比如：

“我想在25岁前赚到第一桶金，你觉得应该怎么做？”

“我想读博，但就算按时毕业，读出来也要28岁了，该怎么办？”

“我人到三十，很想出国读个研，很多人让我别折腾了，你怎么看？”

“过了30岁还敢分手吗，很怕过了这个村没这个店了，以后找不到男人了怎么办？”

“我已经35了，再不生育恐怕就过季了，但现在经济条件还不允许，该怎么办呢？”

任何小的改变，只要乘365，那都了不得，但反过来说，你每天堕落一点点，焦虑一点点，积攒起来那也不得了。

身边有太多的人陷入了焦虑。男人被“三十而立”困扰，女人被“女人如同圣诞树，过了25赔钱大甩卖”打压，小孩的日子好过吗？也没有。

每个人都忙着赶路，又焦灼，又暴躁，不信你走到一线城市的大街上蹲在路边看看行人，大部分是一脸苦相。

唯一悠闲的是本地老人，老头摇着蒲扇下着棋，老太太在树下聊天嗑瓜子，背后是大几百万的房产，底气十足。

怎么说呢，大家有时间意识是好事情，但是不是把deadline（截止日期）卡得太死了？仿佛在被一条恶狗追着一样，疲于奔命。

我爷爷今年88了，他1930年生，妈妈在生他的时候难产去世，爸爸是地主，但抽大烟败光了家产。

他跟着叔叔，十几岁的时候被国民党抓了壮丁，强行入伍，后来又辗转逃窜，直至被正规军收编。

他经历了动乱时代，绝大部分时候一穷二白，生养了四个子女，心脏搭桥手术做了3次，现在走路要拄着拐挪动。

就这，他每天穿着我奶奶洗得干干净净的衬衫，iPad专门用来看各种新闻客户端，还练练毛笔字，聊天思路清晰。

他这一生算是随波逐流不断动荡了，物质那么匮乏，环境那么凶险的情况下，眼看他就快90了，这让我信心十足。

我们这一代，营养不错，局势稳定，医疗和科技发展日新月异，卫生环境好了很多，如非意外，活到90没问题吧。

把人生的长度放到90年来看，我现在30出头，也才过了1/3嘛！未来不可预估啊！

所以我一直有和别人不一样的时间观念：我以自己的节奏作为基准，来衡量时间：

有人问“我妈妈40多岁，她想学会计，还能行吗？”

我：40多岁，不就是我10年后？为什么不行！学！

看到那些20多岁就生完二胎的人，我一脸问号：才20多岁，完成社会化了吗，怎么连二胎都生出来了啊？

那些30出头想去读书的人很犹豫，我：那不就是我吗！只要经济过得去，给自己一两年时间没问题啊！

30多想从体制内跳出来的人，我：你这个时间正好啊！外面天地那么广阔为什么不好好出来闯一闯呢？

看见没有，从这个角度思考，你就会很从容，凡事不用那么赶，尤其是结婚生育这种“人生头等大事”。

我给你们说两组数据哦，我最喜欢讲数据了：

民政局数据：上海人民平均初婚年龄男性30.11岁、女性28.14岁；北京人民平均初婚年龄27岁。

建委的数据：截至2017年，北京首次购房者平均年龄34岁；全国首次购房者的平均年龄是27岁。

近年来，初婚年龄、首次购房者年龄都在不断攀升。

很多人说，那还不是因为房子越来越贵，经济压力越来越大！

实际上，无论是什么原因导致的，这个数据不断攀升都是好事情，意味着你有更多可以选择和准备的时间了。

按照现代的高等教育节奏，接受完本科教育通常也是22岁了，读完研通常25岁，博士毕业大概率是28岁左右了。

看起来仿佛是花了人生近1/3的时间去学习，还没正式开始社会化，婚育压力扑面而来，导致了年轻人的普遍焦虑。

但实际上人生的增长曲线就是L型的，爬坡时间很长，在足够的积累之后可能会有爆发式增长，势如破竹。

人的黄金年龄在三四十岁，甚至五六十岁，不信你去看这个社会上那些手握大权的中流砥柱，哪有小年轻。

尽管科技发展之后，社会扁平化程度加强，出现了一堆30岁以下的成功创业者，但尚且没有成为社会主流。

人的成长就是需要时间和经验积累的，科技能加快进程，但不能替代你积累，所以你真的不必太着急。

对于普通人，尤其是普通女性，我一直在提倡，好好学习，好好工作。

这两点听起来特别普通，但真的是我们能受用一生的捷径，你必须走。

工作，当然也是为了赚钱，但更重要一点是：工作是一个社会关系的集合体，你能在这里面得到很大的锻炼，这和原始社会离开洞穴去狩猎、采果子一样，你要从舒适区走出来，工作能让你增加智慧、结交朋友、积累资源。

绝大部分打工仔，如果不是刚好在风口上，大概率在二十七八岁之前是赚不到什么钱的，因为生活成本高还可能没什么存款，但这并不意味着彻头彻尾的失败，当然前提是你在努力工作。

人进入社会，就是会有少则三五年，长则八年十年的积累期，很累，很疲，开销又大，成就感又低。但是只要坚持努力，熬过去，就是资源来找你的时候了。

在此之前，千万不要花太多的时间在无效社交上，也不要做太多冲动消费，你要集中火力开干，认认真真把本职工作搞到优秀，此阶段也不建议大家把太多精力放在副业上，总之就是专注、专注、专注。

年轻人不要迷信“人脉”，成天跑出去换名片，这时候的人脉大部分都有待培养，大家都是马仔，没什么可互相帮助的，不如都埋头苦干，做出口碑，积累好评。

这个期间也许你会遭遇失败，但你要想：我要活90年呢，这算什么呢？

绝大部分事情，你害怕的、你畏惧的、你悔恨的……放到长线来看，不过都是如微尘般的生命里如微尘般的小事啊！

给自己一点空间，慢慢来，持续努力，静候你的时代，你的风口到来。

Lesson 3

做好的选择 然后相信时间的力量

这一课，我要说一个自己的事。

年初我在朝阳公园附近买了套房，二手房，90 年代的。

房主是个 74 岁的老爷子，和他配偶连结婚证都丢了，补办了结婚证才过户的那种。

老爷子是个在国企很早就内退的干部，房子是单位分配的公房，3 居，和二儿子、二儿媳、孙子三代人挤在一起二十来年了。

交易代表是二儿媳，40 多岁，家庭妇女，言语之中对公公婆婆颇多不满，人也是没什么见识，小市民那种。

老爷子和我去过户的时候聊，说，还有个大儿子，把房山一套房给他了，和二儿子一家住了这么些年，没给他们房子，孙子都十几岁了实在不方便准备卖了去天通苑买个大点的。

我说，孙子十几岁了，那也快高考了，考个本市的经常回家挺好的。老爷子说，嗨！考什么大学啊，他成绩差，找个大专上上，赶快去打工得了。

买了这套房子的我，并没有如大家想象中的欢喜，反倒为自己感到很悲哀：他们是比我差很多个层次的人，这个老先生比我爷爷差太多，他的俩儿子比我爹差太多，他孙子就不用说了，和我不能比。

我们家人人都努力，个个都好强，但为什么最终落得几百万买这种房子，和他在同一个交易层级上？

唯一的原因就是我们所处的位置。

是我爷爷运气不好，我爹妈运气不好，他们在偏远山区不得脱身，从层次上讲等于坠入谷底，再拼命托举我，我就算再成器，那也就只能如此了。

换牌打一下，如果是我爷爷我爹妈在北京，现在我会在什么位置？不敢想。就像一篇很久之前的文章《我努力了 18 年，才和你坐在一起喝咖啡》[1]写的那样。那个时代他们动弹不得，这个时代，我们再不动弹，是想让子孙骂我们不成器吗？是想拖累后代坠谷底，让他们拼命再爬这一道吗？你，为什么不站高一点呢？

我举的例子和房产有关，但不是说一线最值钱的只有房产，

1．多年前，一篇题为《我奋斗了 18 年，才和你坐在一起喝咖啡》的文章引起了社会各界的广泛共鸣。作者麦子，用第一人称描绘了最典型的中小城市年轻人和农村子弟的奋斗历程。

最值钱的是机会和资源。

你们在一二线打工的人，有没有觉得，和家乡的氛围渐行渐远，一起长大的小伙伴也不能亲密无间了，大家谈论的东西、关注的东西都在分化，在差异化。

一线和黑洞没什么两样，北京吸干了华北平原，上海吸干了浙江江苏的精华，广东那不提了，祖国的门户，是 GDP 的扛把子。

有人的地方才有钱赚，中国 2000 年后这十来年发展这么快，出现了诸多世界级的公司，原因是什么？人多呀！人口红利呀！

你在这些高速列车上，机灵点，勤快点，哪怕是跟着混，十几年过去，也是大不同。即便没早点买房，地铁口摆个煎饼摊烤冷面，月入几万不难。

一二线城市的保姆家政人才奇缺，一个月四五千的起薪，家政公司都去贫困县海量招工，统一培训上岗。

那些四五十岁的妇女，在农村不一样要干活吗？为什么不到一线来，每月赚个大几千，四天休息日，东家逢年过节包红包，不比在家里被人打压强？

话又说回来，当你做了一个好的选择，但又不能坚持奋斗的话，层次下坠又是必然的，你的家族被别的家族碾压，也是必然。

就和我的卖家一样，尽管占据了时代和地段优势，但一代不如一代，从我们这一代开始，谁在上谁在下，就互换了：上行趋势和下行趋势交叉于此，然后分道扬镳。

每个还在奋斗的人都害怕阶层固化，好消息是现在阶层没固化，你还有很多向上突破的机会；坏消息是，稍不留意，你往下坠落也会非常快。

人是有能量的，你投入在什么上面都会有所获得，要用好自己的能量，尽量选择效率高的投放渠道。

这些天我们在筹备毕业 10 周年活动，银行的前同事们在讨论聚会。

这些人有家里条件好的，也有和我一样一穷二白的农村人，刚开始就是几千月薪起步的，但 10 年过去，买车买房结婚生育，在一线稳稳当当扎下来了，还有不少出国外派留在当地的。

这些事情做下来根本没有当初想象的那么困难，前提是你坚持往下推进，而不是听几句闲言碎语就自动退缩，放弃奋斗了。

所有说“这个事情很难，不要做，你没那个命”的人，你把他先贴上标签：这是想拉我下坠的人，然后辩证地思考、观察，自己是否真的做不来。

很多人就是考个大学、找个工作，坚持奋斗就已经站在高地了。

以后我要是有钱了，得给母校捐钱感谢，挽救了我一个农村人，也提拔了我的后代。

姑娘们，给自己一个机会，到大城市里看一看，走一走，坚持几年，奋斗一把。别再爸妈一喊就回家考公务员考编了行么？

为了后代，也为了我们可期的未来。

Lesson 4
你面试是为了什么

当你准备开始找工作的时候，你要问问自己：我真的准备好了吗？

这个问题你可能觉得好笑，简历也有了，衬衫也买了，怎么没好？

什么叫“准备好”，可以有几个简单粗暴的评判标准：

1. 我有适合面试的衣服吗？

能否满足“简单、得体、让我看起来值得信赖”这样的要求？

2. 我想找什么样的工作？

什么行业？什么方向？从什么岗位做起？

3. 我对自己的目标工作做过研究吗？

我知道目标行业里排名前10的公司都是谁吗，它们有什么区别？

我能挑出来我的目标公司吗？它需要具备什么特征？竞品是谁？

我认识目标行业或目标公司里的人吗，我有意识地去寻找了吗？

4. 我对自己了解深刻吗？

优点是什么，缺点是什么，我的什么经历有助于我获得目标岗位？

5. 我能准确、清晰地表达自己吗？

6. 我应该具备什么技能？我都有了吗？若是没有的话，我有改善计划吗？

7. 未来3年，5年，10年，我想过什么样的生活？

8. 我目前最看重的因素是什么？什么能影响我找工作的决策？

是户口吗，是钱吗，是发展吗，排序是什么？

这些问题，你也许不能完全想明白，但你有个模模糊糊的轮廓了吗？

因为这些，就是你未来面试中最可能遇到的问题。为了找份工作，你可能要遭遇很多的挫折和失败，你也可能在这个过程中随时发生调整，不断优化。但这些准备工作不做好，哪怕因为运气拿到了offer（录用信），日后也会苦恼。

每个年轻人都会迷茫，因为任何一个选择都面临着机会成本。

人不能同时踏进两条河流，减少遗憾的唯一方法是了解自己。

我见过很多人来面试，穿着各种“做自己”的衣服：他们有的头发蓬乱，有的鞋子没擦，有的因为过于“潮”显得衣衫褴褛……我能理解年轻人追求标新立异和自由的态度，我年轻的时候也用过蓝黑色睫毛膏，什么原因我现在也是想不通的。

但我想，你一定没有问过自己一个简单的问题：我来面试，到底是为什么？我现在这些行为，有助于我达成目标吗？

还有很多小朋友，他们回答问题的方式和内容，明明白白暴露着：“我没准备，我临场发挥”。

当你问他有什么问题想问我的时候。

有些人问，作息时间是什么？

有些人问，工资多少？

有些人问，加班有加班费吗？

我不是说这些不能问，当然可以啊，但不适合此时问。你要明白，我给你机会请你提问，这就是你的主场了。也许之前我的各种问题让你感到不耐烦或者无所谓了，那么现在轮到你让我惊讶了。

有一个四川大学的小姑娘让我印象颇深，她问我：“如果让你用 3 个词来形容贵司，你会用哪 3 个词？”

也有一个男生问我："贵司和几家竞品，我都研究过，营收和净利润水准都差不多，你们的优势和劣势在哪里？"

我不知道你们听懂了没有，问题体现的是你的洞察，你的功课，你对我这家企业的感兴趣程度，以及你的研究学习能力。

恕我直言，现在的大学生两极分化很严重了。要么极好，成绩、眼界让人由衷赞叹；要么面目模糊，乏善可陈，懒得提问。

遗憾的是，后者极其多。

经济形势是真的不好了，不知道你们感受有多深，但实体经济提着脑袋小心翼翼过日子。

上千个上市公司一年净利润买不了北京一套学区房，很多小企业资金链断掉跑路了。

多少大企业也缩减了校招的数量，因为增长预期没那么高了。

不是吓唬你们，是想提示一下，这种趋势下，你要盘算下自己有什么，会什么，要想办法给对方留下相对深刻的印象，这是唯一能胜出的机会了。

在此提几个良心建议：

1. 再返回上面去看，"做好准备"是什么意思，去做。

2. 大量的练习。

同学之间互练也好，发动一切你能够到的社会资源去求助也好，把自己放到考场中训练。

3. 补上学校和职场之间的能力差异。

有时候你并不知道差异在哪里，是因为你没有真正去研究过工作是怎么回事。

就像我之前说，写邮件一定要有正文，你的目的是让人读，而非给人添麻烦。学校不教，不是你不会的理由，你找不到合意的工作，难道是学校给你托底?

4. 只要有机会就去实习，但是尽量少做行政方面的实习。

你要给自己创造条件去观摩职场人的行为处事，实习是成本最低的试错方法。

5. 调整好心态，不要疑神疑鬼，不要剧烈波动，失败是很正常的，坚持下去。

Lesson 5
我们怎么挑老板

这个题目写起来很宏大了，对于大多数人来说，是远远达不到“挑老板”的条件的，甚至见老板的机会都很少，尤其是在一些大机构、大企业中，你和老板的距离甚至比你和爱豆（Idol，指偶像，网络用语）还要远。

但这个问题又不得不去思考，因为一个公司的发展情况、名气、开的薪水，这都属于面子；由老板决定的公司文化是里子。你天天浸润其中，这是一个如鱼得水还是生不如死的氛围，决定了你在一个企业里走多久，走多远。

另外还是要提示一下，我所有的心得、理论，更适合市场化的行业和企业，对于体制内并不了解，也未必适用；我也不是人力资源相关从业人员，不想乱谈，免得误人子弟。

有人在问，AB 两个公司，怎么选择？我想转行，什么行业好？

要评判优劣高下，首先必须明确评判标准，我在不知道你有什么评判标准的时候如何帮你做选择？

提出这些问题的人，你知道你最应该关注的要素是什么吗？

你最想解决的问题是什么吗？是赚钱？是职业发展？是解决户口？是积累人脉？是找个好跳板洗一下简历？

挑工作和买冰箱一样，你不能指望一个冰箱是万能的，又能炒菜又能扫地吧？它只要够制冷，容量适合你，耗能情况和价格你能接受就可以了。

你为什么要指望一个工作能解决你所有的难题？钱多事少离家近，老板器重，前途无量，企业文化还特匹配？

我说这些不是打击你，一个普通人在现代社会想要感到绝望和无力简直太容易了。

我是反复在说，“人要学会评估自己”，你要敢正视自己的需求，然后去解决需求，这是你一生的难题。

人为什么不能正确认识自己？这就是我经常说的“社会化”的问题。

我创造了这个说法，没研究过别人是如何表达的，我自己对“社会化”程度是有几个层面的考核标准的：

1. 知道我是谁，我有什么，我需要什么。

2. 知道这个社会的运行规则和行为逻辑，最基础的底线是认同“人是靠家族资源在竞争，家族资源等同于你是谁，你爹妈是谁，你小孩是谁，以及你们这一个群体拥有的钱、社会地位和社会影响力”。

3. 对于自己匮乏的方面，知道如何补充，从哪里补充，及需要付出什么代价。

还是听不太懂对吧？

缺裤子就专注看裤子，连衣裙再好也不必动心。

缺钱就仔细琢磨以自己的资质什么工作能赚钱，先不要管喜欢不喜欢（但万不可走邪路）。

想积累资源就找大平台，先挤进去，多认识人，“蹭”公司的名声。

挑老板的道理也是一样的，一个公司的文化是由老板决定的，所以很多公司不行，根本原因就是核心团队不行。

秀才找秀才，兵找兵，佞臣找昏君，土匪找枭雄，保姆找巨婴，这都是天生一对，搞不好能白头偕老。

每天上班对你来说，都应该是汲取正能量的。

反之，爱惜羽毛的职业经理人找土匪头子，可能战战兢兢连个好觉都睡不了；

喜欢剑走偏锋的人，去了特别重视规范和流程的企业，束手束脚根本施展不开；

重视隐私的人，去了成天发鸡血鸡汤又要求员工转发刷屏的公司，只能痛苦不堪；

想踏实做实事靠项目说话的人，进了喜欢拍马屁喊口号的公司等于生不如死……

你和公司都没有错，只是不适配罢了。但如何找到适配的文化，自己是什么风格一定要摸透了。

当你判断完了公司情况、发展前景、薪资待遇等情况之后，挑老板和挑老公是一样的，达到门槛的人，优先考虑出身，这是最不会骗人的东西。

当老板的人，出身一般有以下几种类型：

背景雄厚的 X 二代

现在的大企业这种背景的居多，尤其是金融、地产以及水电矿等资源垄断的行业。

这种老板神秘莫测，多数常年在国外，企业里盘根错节各类派系较多，小兵就无所谓了，中层及以上要学会识时务抱大腿，你要非常有用的同时，非常有服从性。

职场“凤凰男”

这类不是二代出身，稍差一些，但却是很早就懂得借势的聪明人，BATJ 创始人都算，以及李嘉诚、何鸿燊、王健林、王石、任正非、曹德旺、贾跃亭等，这种类型里面，不少人的第一个贵人是岳父。

这种老板很喜欢上行下效，要求有执行力和一定的忠诚度，同时喜欢鲜花掌声，但要恰到好处，因为本身不是土包子，讲究格调和分寸。

精英创业

一般有名校背景，名企工作过，多数还有海外留学和创业经验。

这种老板喜欢挑同类，要求员工背景要好，气质要好，公司氛围相对轻松扁平化，公司规模多数小而美，这是我最喜欢的公司类型。

草根出身

绝大部分老板是这样的，没有很好的教育背景，起步的时候也是战战兢兢，但是敢打敢拼能扛事，剩者为王。

这种老板分几类，一种比较朴实，喜欢扎实做事，不爱出名；一类极其张扬，好大喜功。

这类老板最重视的是信任，因为资质一般，创业过程百般艰辛，自然识人无数，也可能吃过不少亏，对人对事以质疑为先，想要在他们手下做出成绩，博取信任是第一位的，专业能力倒要往后放一放，没有信任就没有一切。

面对这种老板你会觉得沟通成本比较高，因为每个正经的职业经理人都想做出成绩，有更漂亮的履历去跳到更好的平台，对老板说服教育是免不了的，容易感到累觉不爱。

总之，多问自己：

1. 我最想要什么？

2. 我能做到什么？

3. 不能忍受什么？

Lesson 6

北上广深怎么选

我一直在向大家推荐一线城市，也反复在说，北上广深四个城市的GDP已经占到了全国GDP的12.5%，经济活力不可小觑。

具体到你要选择哪个城市，这就是个很大的调研工作了，我建议你们可以准备个Excel表，明确下来各项指标，会编程的可以自己写个程序算一下。

就我自己的体验，以北上深三个城市作为分析标的，从生活角度上，主要考虑自然环境、居民便捷程度：

空气质量排序：

深圳 > 上海 > 北京（雾霾虽然已有治理，但霾和扬沙的情况依然比其他三个城市严重）

针对普通人，生活便捷排序：

上海 > 深圳 > 北京（北京大环路的设计，微循环不通，导致交通不便利，生活也处处别扭，简单来说，便利店很少，且相距甚远）

周边好玩程度排序（不止是郊区，还有一天可以往返的周边城市）**：**

上海深圳不相伯仲，上海胜在四通八达的交通网（高铁、高速）；

深圳胜在靠海，周边自然环境比较好，虽然深圳没什么历史，但旁边的顺德、中山、珠海、东莞，有很丰富的粤式风情；

北京周边挺困难的，就是北方山水，基本以山为主，交通还比较不便利（开车去单程 2-3 个小时，很堵）。

城市美观程度排序：

深圳 > 上海 > 北京

上海是建筑风格很美，深圳是绿化和科技感很强，北京是历史感很好。

城市政务便捷程度排序：

这我对上海就不了解了，但深圳北京相对比的话，深圳好得很明显。跟当地公务员交流起来，他们提到市民经常会批评"吐槽"，公务员就更为勤勉些。市政建设推行什么政策，市民相对也会积极评价建言，他们也就相对更为谨慎了。

我经常讲深圳很不错，但深圳的弊端也很明显：整个城市的经济以制造业和外贸为核心，涌现出一批非常优秀的科技型企业，但后果就是人才结构是偏产业工人型的，在文化教育医疗方面，还有很多路要走。

从劳动就业方面，要综合考虑劳动者和企业主的利益。

虽然看起来这两方面是有对抗的，但实际上大家利益一致：企业主能发展得好，就能创造出更多的就业岗位，吸纳更多人才，劳动者就有更多的机会和选择。

而且企业发展得如何，很重要的是民营经济，自改革开放以来，民营经济的活跃程度是衡量一个行业和地区发展预期的重要指标。

相较于国有经济来说，民营经济负担更小、竞争更为市场化、各种机制更为灵活，虽然自成立初期到现在，都处于夹缝中生存的状态，但现在各位看到的巨头，无论是 BAT、TMD（头条、美团、滴滴），还是各行各业的领军企业，民营经济占据了很大份额。

民营经济要想蓬勃发展，当地基本应该具备以下因素：

1. 政商环境好，鼓励民营经济发展，而非吃卡拿要限制重重（典型负面案例：东三省）。

2. 企业融资渠道多，募资方式灵活。发展企业没钱不行，融资是非常重要的点，之前最大的民间募资吴英案就出自浙江，江浙一带自古以来就是重商的经济发展之地。

3. 企业综合运营成本低。体现在产业集中发展、上下游配套完善、用工资源充沛、用地成本低、企业负担小。其中“负担小”是非常重要的一点，企业用人需要承担的社保成本越低，企业的综合支出就越少。

现在养老金和医保都是现收现付制，也就是现在的钱，支付现在的支出。翻译一下：你支付的医保和养老金，是给现在治病和养老的人用的，不是存起来，给你以后备用。由于我国人口众多，老龄化程度加剧，医保和养老金，已经严重亏空了。

养老金缺口据称至少是 2 万亿，我给你换算一下：

2017 年中国电影票房 559 亿，2 万亿 /559 亿 =35.79。养老金亏空数额是去年中国电影票房的 35.79 倍。

现在你们可以理解了，为什么鼓励二孩，为什么倡导拼命生育。因为我们这一代的积累已经被上一代挖空，我们未来堪忧了。

讲这么多，为什么全国各地 GDP 排名中，广东常年稳居第一,一个省的 GDP 超越韩国，和以上 3 点有很大关系。

企业用工成本，重点可以关注下各地的社保比例，尤其是企业缴纳的部分，一线城市对比下来，你会发现深圳快速发展不是没有理由的，这个城市负担小：

以月薪 30000 元为标准，对比一下深圳和北京，假设社保基数都按最高缴纳，不避税的情况下，可以看到企业付出的成本大不同（重点在养老、医疗、公积金）。

深圳模式下，企业为你支出 35540.44 元，其中缴纳个税

4767.28 元，个人拿 21821.84 元，税后到手工资占企业总支出的 61.40%。

北京模式下，企业为你支出 39940.73 元，其中缴纳个税 4336.95 元，个人拿 20530.85 元，税后到手工资占企业总支出的 51.40%。

从个人端口来看，北京公积金比例高，综合算下来貌似到手还能多一些。

但考虑企业主的利益，从用工支出角度，显然深圳有更低的成本（同样的人，深圳企业支出少 4400 元）。

此外，各个工种在四个一线城市有不同的表现：

北京的互联网、国企央企、传媒资源集中；

上海长久以来以买办和中介模式在金融领域有很大发展；

广州是传统经济强势，有非常多的传统大型企业；

深圳重在互联网和移动互联网……

与此同时，北上广均有充沛的高等院校毕业生资源，深圳没有，人才基本靠外部引进。

想吸引人才，必须给到比他在当地更高的薪酬，从这个角度上说，深圳的不少工种，薪酬是偏高的。

所以，综上所述：

1. 白手起家闯生活的，优选深圳。

落户门槛极低，气候环境相当不错（但是夏天真的特别湿热），城市建设好，公务员（相对）勤勉，生活成本（相对）低

（租房、吃饭、交通等），开放程度很高，几乎没有对外地人的歧视，普通小区也有露天泳池，真是蛮舒服的。

2. 讲究生活质量的去上海。

城市是真美，景也美人也美，城市生活便捷程度极高，市场化程度最高，（相对）重契约，讲规则，吃喝都很有品质。

但是落户难，买房难。

3. 有家底、靠资源吃饭、从事文化传媒工作的到北京。

你会感觉藏龙卧虎，真是个造梦的地方，加上现在开放了高端人才落户，北京在抢人大战中重点收割拔尖儿的那批。

缺点是：自然环境差，一线城市中市场化程度最低（毕竟北京的定位是"政治中心、科技中心、文化中心"，重点是"去非首都功能"）。

之前，我在微博微信收到了不少读者的反馈。

她们说，"要不是遇到你，之前真的不会我本位""关注你之前我没想过要去大城市""我原本以为女人最好的就是找个稳定的工作，生儿育女，你给我打开了新的思路"……

有微博粉丝圈我，说来到了深圳，还专门拍了个"不听不信不转账"的公交站广告的照片，这句话是我常用语。

这件事情真的还蛮鼓励我的，对我来说，写作既算打发时间的一个爱好，另一方面，我也真的希望能看到，我给别人带来了启发。

打好手里的牌很重要。既然我们拿到的就是这种牌，还要在牌桌上坚持下去，那技巧和心态就很重要了。

既要多思考，也要和掌握正确方法的人多学习，人不怕迷茫苦恼，怕的是这种困惑无处释放。

Chapter 2
职业规划到底有多重要

Lesson 7
都在说职业规划
到底什么是好的职业规划

每个人从应届生找工作起，就一直被问到一个问题“你的职业规划是什么”？这会持续你整个职业生涯。

我即将大学毕业之时，看了网上很多关于该如何回答这个问题的攻略，照猫画虎地说，“我要用一年的时间去熟悉工作内容，成为熟手，3 年成为项目小主管，5 年独当一面”。不知道当时那些 HR 是不是会觉得蛮可笑的。

这个问题该怎么回答呢？其实说什么是不重要的，因为用人单位在提问的时候，只想了解下你是不是一个安于现状的人，是否有上进心，有进取精神。

而真正该怎么思考这个问题，如何用实实在在的职业路径去落实这些规划，而不是想个答案应付面试，这是很多人都不明白的一点。

惭愧地说，我曾经在求职时也没真正想明白，甚至到现在也不能说完全搞清楚了。因为我们已经到了一个科技快速发展，行业的生老病死都加速的时代了，不像以前那么好预测了。

比如说互联网金融，含义很广泛，包括支付、理财以及各种金融工具，现在可以说覆盖到每个人了，谁不会用微信和支付宝呢？除非没有手机的儿童和耄耋老人吧？

但互联网金融是什么时候开始的呢？2011 年，从央行发放第一张第三方支付牌照开始。也就是说，这个行业才短短八年，这在我大学毕业的 2008 年，是想象不到的，那就自然也谈不上什么规划了。

类似的行业还有大数据、人工智能、区块链，等等。科技的发展日新月异，新行业的出现将越来越快，当然在科技加持下，老行业的淘汰和迭代也会越来越快，这给我们提出了更高的要求：做个人职业规划时要考虑到选准赛道，不要和趋势背道而驰。

这其实就是一个剖析自己，广泛搜集信息，然后到市场上找对照行业，且针对性求职的问题的过程。

然而，看起来简单，很多人在落实的时候，总有依赖心理，想找个职业咨询师，简简单单问几句："你觉得什么职业适合我”，以为这样就可以找到自己未来数年的发展方向，这种行为可以说是很轻率的。

对于个人发展，在战略上懒惰会造成方向的重大偏差，因为外人总不如你了解自己。建议大家还是踏踏实实地坐下来，给自己一张问题列表，好好梳理一下，所谓的磨刀不误砍柴工，先把方向找到了，再说战术上如何勤奋的事。

1. 我有什么？和其他人比较起来能力怎么样？

我擅长什么方面，我对哪些事情感兴趣？

我的学历如何，学习成绩怎样，有学术成就吗？

我的各类证书拿得如何，有什么能在工作中展现的特长吗？

我的校内实践情况、实习情况、过往工作经验如何？

我有什么可以求助的人，如老师、亲属、父母的朋友？

2. 我希望眼下工作能给我解决什么问题？重要性排序如何？

我需要解决一线城市户口。

我想到世界500强里工作，满足我对平台的要求。

我想多赚钱。

我要多接触人，想要扩展人脉。

我想带团队，提升自己的管理能力。

我想锻炼全面操控项目的能力，方便以后跳去更大平台……

3. 市面上有哪些工作，既能满足我的要求，又能发挥我的特长？

工作从大类上来分，一般有以下几类：

（一）公务员

即法履行公职、纳入国家行政编制、由国家财政负担工资福利的工作人员，全国约有 700 多万名。具体哪些工种属于公务员，可查阅《公务员法》。

（二）事业编制

这部分也属于公职人员，但不是公务员。主要为：农、林、水利、气象事业单位、文教卫生事业单位、科学研究事业单位、勘察设计事业单位、社会福利事业单位、城市公用事业单位、交通事业单位等。

事业编制和公务员差异最大之处在于两点：

1. 公务员从事的主要是国家行政事务性工作；事业单位人员从事的主要是社会公益性工作，或者说是非营利性的工作。

2. 用人方面，公务员的录用、提升、退休、辞退、辞职等是按照《国家公务员管理条例》的规定执行；而事业单位人员的录用、提升、退休、辞退等是按照国家劳动法的有关规定执行。但事业单位对人员的管理权限要大一些。

（三）企业

这是大家求职去处最为广泛的一个途径，根据性质不同可以分为若干类：

以出资方为区分，可分为中资企业、外资企业、港澳台资企业。

以投资人的出资方式和责任形式分为：个人独资企业、合伙企业、公司制企业（包括有限责任公司和股份有限公司）。

按所有制结构可分为：全民所有制企业、集体所有制和私营企业和外资企业。

（四）社会团体及其他机构

比如一些社会组织及慈善机构，总体而言，招聘的数量与其他几类相比较少。

了解到有这么多方向的机构能够提供就业，你就要一一对照自己的需求进行筛选了，举个例子：

如果你求职的第一要求是解决北京户口，对其他方面可以放松要求，那么最适合你的就是公务员、提供户口指标的事业单位、国有企业、央企等。至于其他类型的机构，就要明确是否有指标，再做考虑。

如果你求职的第一要求是想多赚钱，其他方面不做考量，那么市场化的行业是最适合你的，你可以按照自己的实力，尽可能地选择那些发展较好的私营企业，做市场或者做销售。

如果你求职的第一要求是稳定轻松，那么不少事业单位很适合你。

总之就是搞清楚自己的诉求，打听明白哪里能满足诉求，针对性地求职即可。

以上更多谈的是应届生求职，实际上，当你进入社会招聘的范畴，大体也是一样的套路。

人的需求随着时间在不断调整，可能解决了户口，又觉得穷；赚到了钱，又想安稳一些；做腻了眼前的行业，想换个新的尝试一下；打工攒够了经验，想自己创业看看……可以说，没到你退休的时候，就永远都要面临职业规划的问题。

所以大家要经常复盘，看看自己具备了什么能力，还想满足什么需求，不停地调试，形成螺旋式上升的路径。

其中最要警惕的就是入错行，这是对无论是没经验的小白，还是老江湖，都颇为重要的一点：我如何选择蒸蒸日上的行业，而不是随便进入。

这就需要你有一定的洞察力了：经常了解世界局势、经济形势、国家政策以及相应的法律法规，不能仅凭经验或者一两个专家学者的论断就可判断。

比如说国际贸易行业，在改革开放以来，国际贸易行业一直是蓬勃发展的，出口已经成为拉动我国经济的三驾马车之一。也正是通过频繁的国际贸易，标注着 Made in China（中国制造）的商品走向全球，中国的制造业作为“世界工厂”，才被全球熟悉。

然而自 2018 年以来，中国和美国发生贸易摩擦，新一届美国总统班子的反全球化倾向愈演愈烈，从而改变了国际贸易的全球格局，也使得贸易行业遭到了前所未有的冲击。

这些突发状况是非常难以预料到的，个人在局势面前犹如一叶小舟，毫无招架之力，只能随波逐流，但这并不意味着我们只能坐以待毙：

我们可以在此刻，充分利用互联网，推断出未来可能受限制的若干个行业，在做选择时要么避开，要么以优化迭代的思路进入，不能再走大家都走的老路。

也可以把某些行业里领先的工具和方法引入到你所在的领域，比如：淘宝就是把小商品市场搬到了网上，58 同城就是把电线杆小广告搬到了网上，如家酒店就是把遍地不规范的小旅馆做成了标准化的连锁酒店。这些思路创新吗？并不是。但通过互联网工具优化传统行业，看起来就像是产生了新的行业一般。

总之，先搞清楚自己的需求和已经具备的条件，找到能满足需求的行业，选择每个行业里 TOP 20 的机构先尝试求职，若不行就降低要求，直至找到心仪的工作。

在岗位上工作时，也要认真负责，多抬头看路，找到好的机会可以适当跳槽，比如从排名 60 的公司跳到排名 40 的，再下一步也许就能跳进 top20，不要急于求成。

对于所处的行业，要一直有危机感。所谓生于忧患死于安乐，多了解政治经济的大环境产生了什么变化，多看看有什么新的技术和工具可以移花接木……总之，永远处于“了解、判断、选择”的过程中，你的职业之路才会越走越稳。

Lesson 8

你以为人到中年才有职场中年危机吗

说到职场中年危机，一般有两种定义：一是中年人遭遇了职场增长乏力的情况，二是职场人遭遇了类似中年人面临的困境。

前一个定义被人们谈及更多：一帮 35 岁左右的职场人，房贷车贷已经压得喘不过气，孩子教育、老人医疗又是两座大山压顶，自己的身体状况逐渐变差，年轻人在后面奋起直追，可谓是腹背受敌，困窘不堪。

人到中年，这是一个很凄凉的词，这意味着你的体力、智力、奋斗精神都已经从顶峰开始逐步下滑了，就像是下午的太阳，正在慢慢往下落。接下来的人生，你只有开销更大、负担更大、困窘更大，导致你禁不起任何大风大浪，很难回到早上七八点钟那种蓬勃向上的状态中了。

中年本身带来的一系列问题，都会让在职场的你如履薄冰：担心无法进一步升职，经济下行趋势中甚至要担心稳不住现有的位置，担心收入缩水，担心奖金不可持续，最最担心的是突然失业。

不是有个笑话吗，说“不要随便骂那些年轻人，他们会辞职的；要骂就骂那些有房贷车贷的中年人，他们百折不挠”。作为中年人听到，真是笑中带泪的贴切呀！

我观察到越来越多的85后、90后老板，他们已经抓住机会，在互联网领域做得风生水起，也许比你还年轻不少；周围坐的都是小你8岁10岁的同事，感觉自己成了办公室里的“老阿姨”；生了娃的疲于奔命，没生娃的进入倒计时，留给你的时间已经不多了。

这些现象这么刺眼，主要是因为改革开放才不过40年，中国500强企业中，除了中国银行、交通银行等零星几个百年企业，平均寿命也就一二十年，作为组织本身都是非常年轻的，尚且没有成熟处理大量中年员工的经验，公司和员工都感到很迷茫。

对于第二种定义，即职场人感受到了类似中年人面临的困境，表现和前一种不同。也许很多20来岁的人，从年龄上属于年轻人，职级也尚在初级岗位，但依然感受到迷茫、疲惫、增长乏力。

这届年轻人被高物价、高房价打压得只能为生活疲于奔命，工作节奏很快，但很多时候是重复劳动，没有时间和精力去提升自己，每到新人入职，就感觉自己又老了一岁，“危机重重但也无可奈何”。

尤其是背井离乡在大城市打拼的人，社交圈小，远离亲朋好友，若感情方面再不顺利，日常生活忙忙碌碌，那就陷入“空巢青年”的状态中，每逢佳节格外凄凉。

大家可以问自己几个问题，来判断是不是遇到了职场中年危机：

是不是超过3个月没认真阅读跟技能提升相关的书了？

是不是感觉身体越来越亚健康，睡不好觉、精力不充沛、甚至提不起精神，对陌生事物丧失好奇心？

是不是对工作要求逐渐降低，以应付为主？口头禅是“差不多得了”“就这样吧”？

对年底的绩效评估和升职窗口，你是信心满满，还是觉得没希望？

你有积极进取的想法吗？你愿意付出时间精力去争取更高职位吗？

在面临一些挫折的时候，如被人误会、工作失误、领导对你不满等，你是消极应付，还是积极想办法处理？

好好想想以上问题，你可以从答案里看到自己的状态。

我8年前想从银行离职的时候就进入危机状态，尽管那时候我才毕业 2 年多，尚不到 25 岁，也是个初级小科员。但那时，一成不变的工作让我极度厌倦，对同事也没有热情，每天在单位里就是行尸走肉般把活干完就行了，没什么向上的追求，也没有成就感，那状态都有点类似抑郁症了。

这种问题很严重，你在职场刚起步的时候就感到疲惫厌倦，丧失热情，这会给未来的发展带来极大的阻拦，你可能会错失一些重要的机会。因此当大家有类似状态的时候，建议要马上调整。

调整的方向可以从以下几方面着手：

1. 加强身体锻炼。

身体是革命的本钱。没有好身体，人很容易不舒服又没斗志，动辄头疼脑热还会影响工作表现，住院更是耽误时间。

有句话叫作“工作拼到最后都是拼身体”，此话不假。有很多大老板每天起早贪黑，动辄连续出差，工作强度很大。比如王健林，六十多岁了，只要不出差，每天就是铁打一般 8 点之前到办公室。若身体不好，撑不住工作强度，也就做不到高位，掌管不了企业。

尽管背井离乡打拼已经很不容易，还是建议大家尽量住得离单位近一些，单程通勤若超过 1 个小时，人很容易疲惫不堪，也会浪费太多时间在路上，压缩了锻炼和休息的时间。

建议每周锻炼 4 个小时，平均一下就是每天 40 分钟，一周休息一天。久坐办公室的人经常动一动，拿出半小时跑跑步、打打球、游游泳，把上肢和后背好好锻炼，能减缓肩周炎、腰肌劳损等“职业病”。

每个月抽个半天时间，可以去爬山、远足、骑行等，能充分调动起精神，也能放松心情。

2. 注重工作质量。

锻炼身体的同时，也要注意工作上的精神面貌和产出标准。

大家应该都有这样的体会：当你看见一个人精神满满、衣着得体、声音洪亮、友善热情，你会觉得这看起来是一个很好的合作者，也更容易信任他。

当这个人对工作认真负责，交付的作品逻辑清晰、内容准确、格式标准，给你传递的信号就更为积极了：这是一个对自己有要求，有职业追求的人。

那么这样的人，你在遇到事情的时候第一时间会想到交付给他比较稳妥，有什么新的项目觉得让他去尝试应该错不了，别人捅了娄子你也会想找他看看有没有救火的办法。

对自己有要求就是会产生这样的魔力：你会吸引那些看到你努力的人，也会因为在他们那里评价不错而获得更多机会：接触更多人、参与更多项目、获得更多信息、打造更好的口碑，这就进入了良性循环中。

因此，当你觉得有些职场抑郁的时候，要问问自己：

我对工作是否尽力了？

我能不能有更好的表现？

我可以让别人产生信任，愿意把事情交给我做吗？

我是个可靠的合作者吗？

一时的低潮不要紧，只要你能意识到这些问题的重要性，马上着手改善，不出两个月，就能看到正面效果。

3. 寻找跳槽机会。

有些人遭遇职场困顿，并不是他不努力，而是选择不对。

比如，他本不适配这个岗位、他不擅长这个工种、他的领导或客户对他怀有个人偏见不能正确评估他、他站错队了别人处处给他穿小鞋等等。如果遇到以上情况，你在努力之后依然感到困难重重，那就建议考虑换个平台。

每个人的情况不同，有时候你要拼命提升短板，靠均衡的综合实力赢得胜利；但有时候，你要适度放弃一些市场，与其花太多时间去弥补缺陷，不如把长处发挥到极致，再以此挽救短板。

可以多留意一下朋友、同学、老师，甚至是交好的同事那里，是否有其他岗位的需求信息，通过内部举荐、熟人推荐等方式尝试跳槽。

山不转水转，若你一直不能适配现有的岗位，不要停在原地哀叹，重新出发也许是最好的选择。

4. 找到职业伙伴。

人是群居动物，无论日常生活还是社会生活，都需要伙伴和同僚，你不能只靠一个人单打独斗。

职场中的伙伴多数来自于工作关系，尤其是曾经有合作，或者交过手斗过法的，所谓“不打不相识”。你的前同事、同事、同学、同行、客户、供应商、其他合作伙伴等，都可能成为你的朋友和同僚。

只是职场不同于日常生活，你找到这些同僚的目的不是为了情感交流，更多的是彼此支持，能够在未来有更多合作可能性。所以交往时也要注意，以业务为重，以项目为重，少一些吃喝玩乐，多一些业务切磋。

对于对方的私人生活，可以离得远一些，对于对方的三观要求，也可以低一些，只要不损害合作各方的利益，就不要苛求太多。“水至清则无鱼，人至察则无徒”，讲的就是这个道理。

交朋友的契机，尽量以工作为手段：去观察在合作中坦诚、业绩表现好、自我要求高、职业素养高的那些人，和他们主动示好，多配合他们工作，一来二去也就熟悉起来了。彼此再有一两个项目合作，很快就能达成联盟关系。

联盟非常重要。这既是你不断前进的动力，也是你受挫遇阻时的智囊团，大家彼此贡献，一同进步，会成为非常宝贵的财产。

5. 统筹安排生活。

既然大家都禁不起风波，那就提前做好对风险的准备措施。职场人的危机主要来源于几个方面：健康、财务、自己及家庭成员的意外事故。

对于健康，第一条就提了保持健康的重要性，大家要坚持锻炼，每年定期体检，保持劳逸结合，有什么病也不要讳疾忌医早点治疗。

在财务方面，很多职场人的现金流很紧迫，车贷房贷各种贷款、信用卡欠款、人情往来各种红包、日常开销等，建议做好统筹安排，预留足够的流动资金以备不时之需。

同时，善用各种理财工具，设立止损线，不要有赌徒心态，根据市场变化及时调整理财策略，不能超出个人风险承受的限制。

至于自己和家庭成员的意外，对于主要劳动力可以适当购买一些人身意外险、补充医疗险之类的产品，确保一旦出现问题也不至于背上巨债。

不影响本职工作去前提下，可以适当发展副业，多一些收入保障，也增强一分抗风险能力。

比如我的有些朋友在工作之余投资一些现金流好的小店：奶茶店、美甲店等；有的朋友学着炒外汇、炒股，变成半个专家；有些人把兴趣爱好发展成了赚钱的生意，爱写作的做自媒体，喜欢花花草草的开了网上花店，留学的做了代购，朋友多爱热闹的帮电商做营销……

总之是在职场遇到困难都不要紧，人要有东山再起的信念，别沮丧，找找办法，开源节流，总有突围之路。

Lesson 9

你太想要直接的答案就一定会被骗

有这样一个说法：在一线城市里，一个职业上比较优秀的人，如果他在市场化的行业里，当他 30 岁以后，可以做到税前年收入是年龄的 2 倍。

即，32 岁，税前年薪 64 万；35 岁，税前年薪 70 万；40 岁，税前年薪 80 万。

这里面有 3 个前提：

1. 在一线城市里。

2. 职业上比较优秀的人。

3. 要在市场化的行业里（而非体制内、研究所这类），且收入包含薪水、福利、奖金、股票、期权的合计的结果。

BATJ[1]的员工看见这个标准绝对要笑了：你这是看不起谁？

以阿里举例，一个 985/211 大学毕业的人，工作年限在 5–6 年，之前有互联网工作经验，在阿里如果拿到 P7 职级，那么就意味着每月 3 万元的现金收入，正常来说是 16 薪（绩效考核高，年终奖会高很多），股票不一定所有板块都有，假设有 2000 股，分 4 年发放，2 年后才能开始兑现。

阿里现在的股价是 171 美金 / 股（截至 2019 年 10 月 15 日数据），你算下 2000 股对应的价值，再折算到每一年，28–30 岁的 P7 对应的大概是 100 万年收入，这样的职级，在阿里至少几千人上万人。

当然我们考虑到股价波动的风险，拿不到股票的风险，这收入要打个折扣，但 30 岁税前 60 万的标准，已经妥妥地达到了吧？

这些你一看觉得不可能的事，拆开算一下，真的不难。

之前有读者提问，说："你讲的这个标准，我觉得我身边没人能达到，我三十多了，月薪才 1 万多，要做到这样是需要去什么行业？哪个行业可以让 50% 的人都在 30 多岁的时候月收入四五万？"

对于这个问题，我们逐句来分析一下。

不存在 50% 以上的人随随便便都能月入四五万的行业，但

1．百度、阿里、腾讯的简称，也用来代指各大互联网巨头公司。

每一个行业，都有可能月入四五万。

互联网公司不说了，30 岁以上的码农这个收入蛮普遍的；

业绩优秀的销售，无论是卖车卖房还是卖包卖表的，年入百万的人大把；

就算是摊煎饼、烤冷面、宵夜摊，年收入百万的劳动人民也是很多的；

健身教练、美甲师、美容师、服装店小老板，赚到这个钱的比比皆是；

但你要问，怎么样 100% 保证自己年入百万，那这种问题没有提出的必要，更无解答的必要。

人呢，没把握的时候总想要到直接答案：我干什么能年入百万？我大学报什么专业最好赚钱？我买什么股票一定涨？我怎么能嫁个有钱人？谁能把我整容弄成范冰冰？我如何长命百岁？

这些问题一问，你脑门子上就写了 4 个字：我叫韭菜[1]。

这些问题把你的愚蠢暴露无遗，一定会招揽纷至沓来的骗子，组团割韭菜。他们把你吃干抹净，还嘲笑你的无能。

那些买三万八老公挽回套餐的人，在淘宝请回心转意符的人，就是图个情感安慰，能有用才见鬼呢。

如果有人说，我教你怎么赚千万，那你跟他学的最好是授课技巧，找下一个韭菜，否则必定血本无归。

---

1. 对于“被欺骗的群体”的戏称，最早起源于股民用语。

大家到社会上闯荡，不能忘了常识。

虽然现在拿到高考卷，除了语文估计哪一门都看不懂了，但你想想看，我们小时候学习，是先学定理，再看例题，然后才解题的。

而不是上来就解题，然后从中总结定理，那这种学习方法事倍功半不说，甚至根本找不到定理。

我们普通人，不要试图去创造定理，最好是先吸纳、理解那些聪明人总结出来的经验，尝试运用，再根据实际情况修正。

上来就问这样的问题，相当于丝毫没掌握定理，如同让小学生去高考，落榜得是大概率事件吧?

前些日子和一个老朋友聊天，我们认识 7 年了。说起我们 10 年前的日子，我刚毕业，他还在读书，那会儿我们都是坐在台下流着口水看大佬的，哪里想到能过什么样的生活，能做什么样的事业。

我们俩认识的时候，也是两个平平无奇的普通人，一起撸串，坐在马路牙子上喝啤酒。这么些年晃晃悠悠就过去了，都在感慨，我们做到了之前根本想象不到的事，而且还没觉得太难，仿佛是顺理成章就推下来的。

时光是多么好的东西啊！能让普通人也在一线城市稳稳扎下根来，你所有需要的，不过是一点常识，和一点坚持。

常识是什么?——独立主权意识，把自己当个人，而不是“女人”。

这话听起来很滑稽，但事实就是：很多女人学到的，都是“做女人”的道理，而不是“做人”的道理：

她们从小被家长说：女孩子要乖巧、听话，不要调皮捣蛋，不要上蹿下跳，要“像个女孩子”。

到了学校里老师说：女生不擅长数理化，现在成绩好，以后也是要输给男生的，随便考考吧。

上了大学她们听到：女的不好就业，再说干得好不如嫁得好，早点结婚生育再出来做人生赢家。

找工作时她们会想：我要找个轻松稳定的，不要出差，不要熬夜，我好照顾家庭做个贤内助。

面临竞争时她们说：男人就是比女人强，女人不要打打杀杀的，做个温柔小女人才能最幸福。

看见了吗？这一项项，哪个是做一个“社会化”的人的道理？

如果把自己当个人，你会怎么思考？

人活在世上，要谋生，要竞争，要交朋友，要打击对手，要做一个有建树、有能力的人。

看出差距了吗？

你早点立志当个人，尽管会很辛苦，但一定会更自由，你就和这世上的困难正面对抗，真搞不好是输还是赢。

输了又有什么关系，整理整理，重新判断，东山再起，人只要活着，就有希望。

你要去理解这个世界运转的逻辑，用工作增加智慧和人生阅历，学习他人的智慧运用到自己生活里，就这么一点一点改善，一点一点推进。

我们小学就学了愚公移山的故事，要用这种“进一步有一步的欢喜”的精神去排除万难，你知道正确的方向在那里，往前走就对了呗！

时刻记住，做个人，然后坚持下去，所有的好事都会来找你的。

Lesson 10

这年头谁还不转几次行

大家无论学了什么专业，在 20 出头的时候懵懵懂懂开始找工作，很难讲一次就选准了今生的职业方向，一条路走到黑。

即便是很专业的学科，如工科、医学、法学等，也难免有在职业中途想转行的冲动。我们要工作三四十年，无论是大环境影响也好、自己的诉求变化了也好，转行成为一件司空见惯的事情。

对于转行有两种说法：

有人说，树挪死人挪活，你不多尝试几个工种，怎么知道自己适合什么方向呢？

有人说，总是转行等于到处打洞，哪行都不深，怎么可能打出井水，有什么收获呢？

这两种说法都是对的，都有各自的应用场景。作为个人来讲，如何在有限的成本内，获得对各个工种的最大化体验，从而找到自己的发展方向，这是一门技术。

我自己也算是转行小能手了：最早是在银行做风控，分配到的任务是审核各类合同及单据，对有疑问的做出风险提示；三年后跑去上海做了一年的电商采购，把上海周边的大小工厂都跑了个遍；再后来回北京为企业的资本运作（投融资、上市、并购、退市等）过程做服务，做了五年多；又跑深圳做了一年半的跨境电商，现在是回北京从事互联网金融行业……

我对自己转行能力的评价是无功无过，还算是平稳过渡，但并没有因转行获得超额收益。

这每一份工作看起来都毫无关联，这些工作和我业余写自媒体似乎也毫无关联，但并不是这样的，它们都有一样的内核：金融；也有一样的方法：服务。

我自己大学专业是金融，毕业了进银行觉得顺理成章。但实际上，银行的分工非常细化，大部分人是流水线上只会拧螺丝的小工，加上升迁又受到严格限制，我在这三年间其实就是重复头半年学到的各种操作技巧，没有什么能力上的长进，因而离职去了上海。

这里插一句题外话：很多人第一份工作总是盲目的，因为大学生尚未开始社会化，对职场的理解是有偏差的，而且又容易受到环境影响，从众地选择踏实、稳定的岗位，如公务员、事业编制、国有企业等。

好处是不太容易失业，坏处是增长曲线非常缓慢，而且和个人表现无关，一切都被组织安排得明明白白。这对于追求平稳祥和生活，且经济不困难的新人还算合适，但对于爱折腾、想赚钱、想追求个人价值的人来说，那是如坐针毡。

如果你和我一样，也是发现自己过不了平静生活，属于那种想折腾的类型，建议先从内部转岗申请看看，比如调去创新业务的版块、申请去别的分部（如海外机构）借调外派、部门调动等，实在不行，尝试对外求职。

以上路子我都折腾过，内部转岗均失败，2011 年也尚未出现互联网金融行业，其他银行还不如我现在的平台，因此一气之下，彻底转行了。

除了第一份工作我是陌生求职，其他均是熟人介绍。那会儿有个当当网的运营总监朋友，他去上海找一个做淘宝店年流水 3000 万的女士合伙做电商，拉我一起过去，我也想看看外面的世界，就一拍即合了。

项目做了大半年，我一直在上海周边城市和地区跑各种工厂，那是我第一次接触到真实的实业，对于一个学金融的人来说是非常新奇的，也真正感受到“实业兴邦”的意义。

到 2011 年底，我们盘点这大半年的收获，发现不盈不亏，那时候电商还不兴大把烧钱，几个合伙人也都是拿自有资金出来，而非忽悠风投，大家盘算一下，好像也没什么大的增长空间，不如就算了。

我就回了北京。这时候就涉及到择业了。

我原来的同学朋友很多在四大会计师事务所，他们推荐我去做企业咨询，我也顺利拿到了 offer。如果走这条路，那和我在银行其实差别不大：规规矩矩的职业经理人，慢慢往上爬。

此时还有个另外的机会：我一个同学推荐了她的朋友，两个财经记者创业的公司，专门给企业上市做咨询服务，公司规模还很小，十几个人。

我同学的说法是：宁做鸡头不做凤尾，你在大公司还没受够气？不如去小地方试试看，能做的事情多，还有机会跑出来。

我听着也觉得有道理，和两个创始人合伙人反复交流，又参与了他们公司团建，发现确实是踏实做事的老板，也缺得力助手，对于投融资并购我都很熟悉，财报什么也都没问题，因此我就入职了。

公司小，人少，确实什么都得干，老板带着我，又跑去拉单子，又去见客户，提笔写报告，放笔当司机，大大小小的事儿都得参与，还没什么实际经验，就被怼到业务一线，被客户劈头盖脸地骂。

当时的心理压力大得很，对自己没能力没经验也是又气又恼，对客户感到很愧疚，可以说是没白没黑地干活，当牛做马在所不辞。

好处也是很明显的：我从业的第二年，因为表现优秀地服务了一个大客户，蹭蹭地就被提拔了，还带上了团队，客户对我赞赏有加又给我介绍新单子，从此就进入了良性循环：只接熟人推荐过来的单子就够了。

这么苦哈哈地做了5年半，原来的朋友圈因为实在太忙也就逐步更换了，好朋友变成了同事、客户、合作伙伴，生活和工作融为一体，我也彻彻底底地完成了社会化的过程：既懂人情世故，又能追求普世价值。

因为一直做乙方，对甲方是怎么做事的很好奇，加上原来银行的同事转行做了投资人，投资了一家总部在深圳的跨境电商公司，要给他们做资本化，极力邀请我过去帮忙。

我专门飞了趟深圳考察，对城市充满好感，企业也质地良好，直接领导是四大会计师事务所背景，沟通顺畅，因此决定加盟。

刚过去就赶上企业又做融资、并购，一带一路搞得如火如荼，对我们是重大利好，可谓是忙得不亦乐乎。

我们从零开始，组建了8人的团队，搭建了整个架构体系，把我原来的资源关系全盘导入，又把散落在各个部门的关系逐一接手过来，平均每一个半月跑北京盘点一趟，全国各地出差。

再后来，项目做得差不多了，我北京的房子又要装修。当时，我2016年服务的一个区块链企业客户，和对接人处成了朋友，一直有来往，他们新开了业务板块，问我是否愿意过去帮忙。

对我来说这又是个新领域，尽管我两年前服务过他们，服务期间还因投资比特币，一万本金赚了十几万，然而行业发展突飞猛进，已经全然变了样子。我觉得这个学习机会挺好的，在业务一线观察行业总比门外汉要强，因此收拾收拾就过来了，完成了毕业 10 年来的第四次转行。

就像我开头说的，我每一份工作看起来都是孤立的，实际上全都是有专业能力贯穿其中的，本质上并没有特别大的差别，而是根据每个阶段我需要的不同内容进行了调整：

刚毕业喜欢金字招牌，因而进工行总行，图谋一个高起点；

后来想要图个人发展，因而上海、北京、深圳几方面折腾；

再就是想进新兴行业，因而在原来的口碑基础上完成跨行。

要说错误有没有呢？是有的。那就是我每一次转行其实都是依赖熟人介绍，这样尽管可以降低筛选成本，尽快达成沟通，但缺乏了行业的横向对比，没有把目标公司放到整个产业结构中去评估，未必做到了最好的选择。

这也是我给大家的建议：当你想转行的时候，不要轻举妄动，不要浪费你此前投入的时间和精力。你先看看有没有软着陆的方式，以调整为主，实在是找不到机会了，再说颠覆的事情。

我每一份工作，无论喜欢不喜欢，都是优秀成绩毕业的：在银行是优秀员工，在乙方是事业部负责人，在甲方搭建体系，把事几乎做完了，安排好了才走的。干一行就干好一行，这是最基础的职业道德。

在这种职业道德的鞭策下，你做了什么漂亮的案例，其实都不会埋没；你因为刻苦努力赢得的职业信任，也是不会白费的，这都是你的职场信用。信用攒的多了，路子就宽了：朋友变成客户、客户又变成朋友，生活和工作进入了良性融合的通道里，你会觉得做事非常顺利，心情也会很好。

具体到转行的策略，建议大家几步走：

1. 在选择现有职业的时候就尽量慎重。

从薪资、平台、做什么事、跟什么人、发展空间等多方面综合考虑，不要轻举妄动，你随便择业会浪费时间，并且给未来转行埋下大雷。

2. 当你的需求发生了变化，必须转行时，建议用打持久战的思路去做。

不要因为什么突发事件或者情绪随便裸辞，要做好计划，利用业余时间去调研和观摩你的目标行业，多找业内人士聊聊看，想想你如何把原来学到的东西和积攒的资源导入到目标行业，你将怎么开展工作。

3. 学会建立自己的职业圈子。

我们普通老百姓家的孩子，没什么因血缘构建的人脉，都是靠自己建立。建立人脉的方式不要去跑各种各样的大会，热衷于换名片，搞无效社交，这样效率非常低，人和人是弱联系的。

这些事情想得越明白，你在谈判时就越有把握，真正转行之后也越容易施展拳脚，而不是处处一筹莫展。

最好的方法，还是好好工作，让你的同事、客户、合作伙伴信任你，了解你的办事能力和做人水平，愿意给你介绍新机会，有事能想到你。

当你想转行，你攒下的口碑和人脉，是最好的触角，可以通过他们触及你想去的行业，而且有熟人背书，你和用人单位都会更安全一些。

人生漫长得很，职业生涯三四十年，这期间有什么变动都不奇怪，但大家争取要做到：至少每一个选择，都尽可能不要给未来带来拖累和负面影响，尽可能地把通用的技能锻炼好，每一个工作中都充分发挥能力和热情，不断升级打怪，成为更职业化的人。

Lesson 11

你能通过背景调查吗

我入职新单位之前，部门发了个 offer 给一个男生。我来了之后跟他聊了下，看了相应的第三方背调报告，各方面都还可以，就让他入职了。

结果好景不长，他前领导跑去我们老板那里爆料，说他这不好那不好的，讲了一堆。结局就是我们为了不惹麻烦（因为也不好验证真假），把他劝退了，白白折腾一圈。

现代人真的挺可怜的。人和人会以各种匪夷所思的方式发生联系，简直无处可逃啊！

你们有这样的经历吗，朋友圈里两个人，你从没想过他们会认识，但就突然互相点赞了。

你的幼儿园同学、小学同学、初中同学、高中同学、大学同学、街坊邻居、同事领导、合作伙伴、竞争对手、兴趣小组、健身教练、买房中介，所有的人都在发生着联系。

更何况现在是互联网时代，网络是有记忆的，你写的帖子、回复的内容、和谁互动、私密照片，分分钟就能扒得一干二净。

你本来可以洗白经历，但现在仿佛活在链上：你的操作被不同的人同步记录着，一旦链条打通，顿时全貌就被拼得完完整整。

互联网金融领域里，会用你的购物记录描绘出你的画像：年纪、性别、受教育水平、住哪里、在哪上班、喜欢什么、是否有宠物、单身还是已婚、配偶在哪上班、父母家在哪……

数据判断出你是一个经济能力尚可的小白领，你会获得相应额度的授信，这是基于对你过往行为的预判：知道你能承受多少，以及跑路风险多大。

用过去的操作预测你的行为，这是我们的习惯。古代儿童启蒙书目《增广贤文》里说到“观今宜鉴古，无古不成今”，老话讲“三岁看小，七岁看老”。

职场里也是一样的。我们没有相应的个人信用评级体系，为了确保你所言所为的真实性，很多公司会找各种渠道核实你的资料和过往经历，尤其是中高层级的候选人，更是慎之又慎。

很多人现在尽管还是小兵，但不会一辈子是小兵的，要知道现在靠谱的人多少啊！你稍微努努力就能脱颖而出，再诚恳谦和一些，真有源源不断的机会主动找你。

我自己招人，过去共事过、合作过，又勤奋可靠的人绝对是第一梯队，有任何机会先通知他们，他们不需要，才会流向二次人脉：他们推荐的人。

招聘网站上那些陌生来信，我可以说从没采纳过。当然你可以说这是个人行为，但不可避免的是，从没接触过的人相对而言就是更不信任，需要他提交更多材料反复证明自己。

正常的背景调查至少会涉及几方：你的上司、你的同事（同部门的或者跨部门的）、你在职期间的 HR。

不少谨慎一点的公司还会加上：你上一份工作的上司、同事、HR、你的合作方、你的下属。甚至他们会在背调范围之外，到行业里打听你的职业口碑如何。

找到你所在行业是特别容易的，只要是市场化的行业。你们都有各种职场社交软件吧，比如领英、脉脉，以及各种各样的行业群，查到一个人只是分分钟的事情。

所以，真正见功夫的不是调查本身，而是你平时人品怎么样，口碑好不好，这就是你的职场履历，写在每个人的记忆里，想篡改是不可能的。

我对背景调查从来都是坦坦荡荡。我的从业经历中有能力不够做得不好的，但绝没有恶意糊弄公饱私囊的，所以也许会有客户、合作方的吐槽，但人是不断成长的，那只能代表我从业早期的不成熟，我已经改好了呀。

很多人是折在财务清明和工作态度上。前者是吃卡拿要，后者是甩锅推卸责任。

职场上接私活儿、拿回扣，很多人说这是大家都在做的，但我建议你务必慎重。

也许仅仅是小恩小惠，但体现的是你的职业道德败坏，破坏了你自己信用体系。

正常人会觉得“家里发现 1 只蟑螂，至少存在 100 只”，也许只有一只，但给人的感受不好。

甩锅推责任，很多人把这个还把这个当成职场的“高情商”，对此津津乐道呢！这就是典型的把人当傻子。

公司招员工，一个萝卜一个坑，没有哪个是专门养的闲人。你不靠谱，就意味着有人背了你的责任，帮你擦了屁股，但又没领你那份钱，能不气吗？长此以往能不找机会弄你吗？

一个人的合作精神一旦出了问题，就是堵住了自己未来的路。别人一想到你就产生“这个人不好合作、不担责任”的印象，那么重要的事、出彩的事儿就交不到你手里，你成天拿些鸡零狗碎的破事，能做出多大成绩？

但也不是什么事都应承下来就是合作精神好，这叫烂好人。

出来做事，最重要的是分工协作，自己有多大能力要掌握好，超出能力范围一定会出纰漏，甚至会扑街。答应时不假思索，出问题了别人一定怪你头上，简直吃力不讨好。

最后给一些 tips：如何顺利通过背景调查？

1. 背景调查是需要取得你的同意的，如果不手签材料，至少要取得你的口头同意，否则直接开始调查是不符合流程的，你可以和公司协商。

2. 背景调查的范围是你提供的联系人，如果公司在你联系人之外直接找到别人进行正式的调查，也是不合流程的。如果因为这种行为导致了你的离职意向泄露，影响了现在的工作，你可以和公司要求赔偿。

3. 你提供谁做你的背调人?

首先应该是对你有善意的，不会说影响你前途的话；其次是应该符合多元性，覆盖公司要求的方方面面；再者你不要着眼于如何掩盖过往的行为，而是如何表达真实自我即可。

4. 工作要做在长期，做在日常。

我一直提倡不要临时抱佛脚，把日常工作都搞搞明白，平时就做个能力强口碑好的人，会给自己省掉很多大坑。

5. 如非必要，不要刻意得罪人。

职场都是风水轮流转的，不定哪个节点上就又相聚了，所以要注意积口德、积攒人品，不要瞧不上小人物，有一天很可能高攀不起。

Lesson 12
人生的路越走越窄

经常收到一些投稿，未婚、已婚未育、已婚已育的女性总有各自的麻烦，可以说每一种都有自己的苦恼，其实普通人的生活就是疲倦、焦虑、茫然五味杂陈的。

对于这些烦恼，不能知其然，不知其所以然，我们应该问的是，为什么会出现人生的路越走越窄的情况？到底是个人能力问题，还是环境发生了变化？

为什么人生的路越来越窄？这个问题可不止我们问过。

早在 1980 年，《中国青年报》刊出了一则读者来信，一个署名“潘晓”的 23 岁年轻人（后来证明是 2 个人合写的）痛苦地追问：“人生到底是追求什么”。

他在大量阅读和观察之后提出，“任何人，不管是生存还是创造，都是主观为自我，客观为别人”，尽管他有事业、有感兴趣的书籍，但他依然感到很脆弱、很迷茫。

这封信引发了全国范围内的讨论，在传媒还不发达的年代，几万青年给报社写信，阐述他们对“人为什么要活着”“人该怎么活着”这些问题的看法，放在今天，其影响力几乎等同于一个月的微博热搜榜吧。

40 年过去了，我们和二十世纪八十年代的人没有什么区别，一样彷徨，一样随波逐流，一样后知后觉。

其实普通人的生活就是这样的，能够理解社会变革的趋势已经是人中龙凤，更不要提预测趋势且提前布局了。

有媒体总结过一张图，10 年前全球十大科技公司巨头，到今天还在榜单的只有苹果和微软了，别的几乎销声匿迹。

另外，2017 年中国上市公司市值 TOP 20，除了五大行、石油石化这些大型国有企业之外，几乎就是 BATJ 了，这些公司用十几年时间，完成了这些超大国企几十年的积累，这就是时代的力量。

之前看到说百丽鞋业、达芙妮这两大女鞋巨头关店、退市，从千亿市值沦为几十亿“贱卖”。曾经这两个品牌多火啊，铺天盖地的广告、价格不菲的产品、遍布街头的店铺，这才几年过去，很快就“凉”了。

想想看我们自己三四年换一份工作，眼看着家门口的菜馆从烤鱼变成潮汕牛肉火锅，朋友圈突然有人变成了代购……我们自己也在以想象不到的方式和速度变化。

正如滴滴想不到美团来抢市场了，腾讯想不到今日头条来横向收割了，做美颜相机的公司竟然开始琢磨区块链了，传统汽车制造商万万想不到百度也在做无人驾驶了。

变革来得之多之快，赛道换得之勤之突然，只能说是 UC 震惊部的震惊小编都不够用了。

除了马上接招，你说还能怎么办？

焦虑是正常的，茫然也是正常的，那么多人三点钟无眠，不知道自己会被哪个领域冒出的野蛮人瞬间收割，除了风声鹤唳担惊受怕之外，没有什么好的办法。

对于女性而言，我自己觉得还可以从以下几个角度挽救一下：

适度延缓婚育时间

有人问我，是先成家后立业，还是先立业后成家。

我说："这里所说的'成家立业'是对男人而言的，早点找个后勤保障，就能更心无旁骛地去奋斗。更何况，社会对已婚男人的评价远比对未婚男人的要高，看看自己的性别，要怎么做一目了然。"

这不是我危言耸听，老实说，早婚早育带来的是更多劳累和职场焦虑。

慎重地做选择，多抬头看路

过去 10 年什么样的人是人生赢家？我认为是早点赚钱、早点进入 BATJ 把坑占住，也早点多买房子的人。

很可惜，我啥也没赶上，实力诠释了“选择比努力更重要，走错了赛道，起飞速度犹如搭公交车和坐火箭的差异”。

很多人问我，体制内怎么样，事业单位怎么样，其实你们看我的东西多了，会知道我是个很崇尚市场化和崇尚竞争的人，我有明显的倾向。不是说体制内不好，在这个盘根错节的大局中，关键是看你有什么样的资源，平头百姓家的孩子，大多吃点残羹冷炙罢了，还耽误了奋斗时间。

近 5 年 GDP 连年下滑，未来 5 年 10 年也好不到哪里去，作为女性，你需要一笔钱做风险储备金，万一失业、家庭变故等意外出现，要平稳过渡。

关于个人资产配置，要以实际需求和所处阶段分别判断

比如没买房子时，你的资金流动性要强，可以理解为几个月内可以变现和提取，那么保险和黄金以及长期基金我就非常不推荐了。

当你有了刚需房，可以留一部分现金流，留一部分短期理财，剩下可以做一些 3–5 年的长期投资。

当你有了小宝宝，对现金流的要求更高，要注意别让自己捉襟见肘，关键时刻拿不出钱来麻烦了。

发展第二职业，做个斜杠中年

“/”，间隔符号，很多人理解为“或”，其实就是多种因素并列呈现时的一种区隔。

现在有越来越多的人拥有多种职业身份和经历，而且是并行出现的，这是对时间的高度利用。

我之前有个客户，很喜欢花花草草，办公桌上摆了 10 盆不止，干脆发展起了第二职业开了网上花店；有个助理姑娘喜欢烘焙，业余时间在朋友圈卖手工曲奇，用料实在，卖相又好，每天的订单刷刷的；有个女同事日常注重养生保健，跑去考了个美容师资格证，业余时间在美容院给人做脸，乐在其中；有个学姐在大使馆工作，自己还开了个摄影工作室，给我拍的职业照那叫一个光彩照人，大佬风范……

这些女人里，有青年，有中年，有单身，有已婚带孩，充分证明了人的精力只要合理安排，是有可能兼顾的。当然，前提是已婚的那位有妈妈帮带孩子，老公也是顾家的人。

今天很艰难。

明天更艰难。

但路都是人走出来的，不要寄希望于不知来路的职业咨询师和各类大 V，他们不骗你已经是良心了。

要一边走，一边看，一边想，一边回顾。不要害怕乱世，这才是出英雄的好土壤。

Lesson 13

既要埋头做事　也得抬头看路
长路漫漫要少摔跤

这篇文章写于 2018 年，是我大学毕业的第十年，想起来也是心有戚戚。

我好好回顾了下过往，总体只能打 60 分，刚踩上及格线，五味杂陈。

那种心情就像是你无所事事一整天，到了夜里良心不安总想找补点啥，但除了把自己搞得更疲倦之外，一无所获。

我和同学一直没有走得很近，无论是高中还是大学。上学的时候就很淡然，毕业了不仅没依依不舍还觉得挺解脱，除了和几个同宿舍小姐们还有小圈子的来往，和很多人微信都没加。毕业照一咔嚓，心照不宣地各自奔天涯。

所以我这个评判标准不能讲是跟同学对比得来的，就是自我评估。

如果加入同学作为参照物，去掉最高分最低分，再取个中位数，可能也就是我这个水平。

出于不给自己添堵的考虑，就不去打听同学们过得如何了，朋友圈里也能窥探一二。

作为正经金融科班出身的，大学同学们大部分人还在从事金融行业，银行、券商居多，还有少量私募，也有几个创业的，出国定居的基本上失联。

从朋友圈来看的话，男士们基本都结婚生子，发福不少，一副幸福安康的样子。孩子比较大的都上小学二年级了，这十年金融做下来应该也是攒了些家底儿过得不错了。

女士们也基本结婚，貌似只有我和零星一两个人是“孤魂野鬼”。不过孩子都比较小，基本上一两岁，没有二孩，大家集体选择在 30 岁左右生育，说明都是对自己人生能控盘、有力量的聪明人。

以前没想过毕业十年要过什么样的生活，做什么事、赚多少钱、遇见什么人、变成什么人，反正不会是现在这样。

由此可见，在人生的路上，无论你做几个三年规划五年规划，还是不可预料的情况更多。

回想起来，总觉得当初有些决定不够好，就像是交了卷子才懂自己哪里做错了，很可惜，没有再来一次的机会。

年轻的时候没人教，也许是因为信息不畅，也许是因为天性冷淡不爱交际，和很多人抱怨的一样“没人带，自己瞎摸索”，所以现在就得了中年人的常见病：好为人师。

看见年轻人仿佛要犯同样的错，总想碎嘴子叨叨几句，实际上很多时候也不合时宜，因为环境和对象都在变化，没有什么可以完全套用的经验。

所以这篇文章不去指导年轻人“应该做什么”，而是揭露“哪些事情我做错了”，前人之鉴，后人之师吧。

人年轻的时候最缺钱，因而走的错路主要是跟钱有关，一是入，二是出，三是问谁要。

关于赚钱

赚钱这事让人特别焦虑，尤其是在几乎 24 小时在线的互联网生活中，失败和成就，都被无数倍地放大。

我不知道你们朋友圈怎么样，我是和互联网以及和金融八竿子打不着的朋友都开始讨论区块链了，每天不看见 5 条以上关于区块链的转发，都觉得今天哪儿不对劲。

这样一种互联网技术，短短几年催生了多少币圈大神，有说“币圈一天，人间一年”，巨额财富在以天为单位聚拢和失去，以至于现在人就分 2 种：搞币的和不搞币的。

这就让我很焦虑了，要知道我之前是搞币的，还分享了好几次如何操作获利；但 2018 年 10 月之后，正好是监管出来行业洗牌之时，我忙于工作和买房，不搞币了，错过多少个波段不说，感觉几个月过去，市场都天翻地覆了。

当然这都还算是“业余生活”，人赚钱不能靠运气，最主要还得靠本职工作，看长线。

我们普通人的人生，大概率是不可能暴涨暴跌的，大体就是找个工作，老老实实赚点薪水，积少成多。

人群基数放在这里，能摊上大幸运的概率自然特别小。所以，工作对我们来说，就非常重要了。

在工作方面，我觉得有几点是做错了的：

1. 择业方向不清晰，做选择的时候也不够慎重，随机的成分比较大。

主要还是“抬头看路”做得太少，以至于在择业和转行时走了不少冤枉路，只能安慰自己是由于信息不通畅，但依旧觉得后悔。

你们现在做的事，决定你 3–5 年后要往哪走，要考虑一个职业有多长的生命周期，如果不能捞一笔就跑，那就一定要慎重，往想走的方向提前布局，不要事到临头，才发现无路可走。

2. 在一家公司待得时间太长。

我在银行待了 3 年多，前一家公司待了 5 年半，错失了跳槽涨薪的机会。因为忙于日常工作，忽视了市场行情的变化，没有在公司最好的时候跳去更大的平台，也没有看准更新的行业及时跳上高速列车，耽误了职业发展的时间，不然薪水应该比现在至少高 1/4。

3. 十年间换了 3 个城市，北京、上海、深圳。

对于个人体验而言是很丰富的，但这不利于长期资源的积累和维护，虽然大家都是互联网生物了，但不在一个城市，确实会失去很多交流的机会。

4. 和同事关系过密，虽然没有导致什么不良后果，但此事想来，依旧觉得这一步如果不走，错误 2 就不会犯了。

5. 跳槽不积极，和猎头交往不密切，导致涨薪幅度不足。

如果你不是体制内，那么在一个企业或者机构里服务，2–3 年就是你回顾过往工作的一个重要节点。即便是等级森严的体系中，如果 3 年都没有比较可观的调整（即加薪或者升值，最好是升职且加薪），那就需要择机动一动了，除非领导特别器重，除非你有上市拿期权套现的预期。

不过话又说回来，哪个老板会特别器重你，但不给你该有的报酬呢？爱在哪里，钱就在哪里，这是放之四海而皆准的，不必质疑。

6. 工作还不够努力，主要是对出名的欲望不够强。

我们每个人身边应该都有巧舌如簧的人，他们业务能力未比佳，但嘴皮子一级棒，非常会阐述和描绘工作成果，因而争取到了更多的资源。

看起来仿佛是对埋头做事的人有些不公平，但世界就是这样，互联网上最贵的是流量，最难的是用户留存和日活，现代人太容易注意力涣散了，能靠嘴就笼络住人，甚至笼络住真金白银的人，都是人尖儿，要适度向他们学习。

关于花钱

我年轻的时候赚钱能力不咋样，花钱可是大手大脚，顾虑不多的。现在看来买很多东西纯属糟践钱，白白损失了几平方米的房子，主要包括这些东西：

1. 几千块单件的贵衣服。贵衣服应该只买正装和大衣，且不需要那么多件，因为即便是比较贵的衣服，也是容易腻的，穿不了多少次，很多护理起来要求很高，花钱不说，弄不好就显得档次很低。

2. 珠宝首饰。尤其是几千块上万块的戒指、项链什么的，看起来都是黄金珍珠，貌似是保值的，实际上都是心理作用，纯属消耗品，同样会腻，且大概率不戴。需要显得比较精致，买一两个精品够了。

3. 淘宝和小店买的便宜衣服，因为很容易扔，每年扔 10 件 100 块的，就够买一件 1000 块的穿个两三年了。

4. 各种油盐糖超标的零食，搞得体重忽上忽下，体型变化多端，各类型号的衣服都得备着，花钱且占地方。

5. 贵一些的包。也纯属消耗品，因为贵包真的未必质量好，五金件屡次出问题，又容易脏容易刮，护理不好比假包还不如。

关于问谁要钱

在这个问题上我也是走过弯路的，主要是原生家庭。

刚工作的时候谁都没钱，我 10 年前毕业的时候每月 8000

块，好在住房是公司提供宿舍，吃饭就吃行里食堂，开销不大。

工作没两年，就发现和我一起入职的男同事买房了，也不好意思打听，就感觉是人家家庭条件好，我农村人比不了吧。

那会儿我爸妈确实工资也很低，因为他们生育早，我大学毕业了他们也就四十五六岁，拿上高级教师岗不久，也比较艰苦。

我自己吭哧吭哧攒了几年，期间又换工作跑去上海折腾大半年，一直没赚到什么钱，紧紧巴巴地有个二三十万了，也学人开始看房子，折腾许久，弄了个老破小，实际上已经错过了房价的低点，算是买在山腰上了。

这点上很难讲是因为我家穷的问题，还是我是女孩的问题，我父母一直对买房不上心，当然他们自己也不买，直到去年我说房价下行了，我再看看换一个的时候，我妈才拍了钱出来支援。

几年前他们应该也是有的，只是我哭穷哭得少了，没有提前用起来，这是非常错误的。

所以我微博也好，文章也好，反复在说：人是以家族为单位竞争，同样的钱在不同人手中效果不同，年轻人最缺钱，最应该获得支援。爹妈只会存银行，你若是早点买对了，这几年资产该翻番了，远远超过一切理财产品。

把这些错误回顾出来，下一个十年，争取少犯错，少跌跤，也希望各位读者朋友，能知道自己是站在浮冰之上，稍不谨慎，就可能跌入冰窟。

大家一起加油吧！

Chapter 3
让你如虎添翼的工作技巧

Lesson 14
什么是一个实习生的本分

如何做一个好的实习生，不知道有没有人研究过这个问题?

我最近经常抱怨我的实习生，一个小男孩，在美国读本科，开学就大四了，是股东安排过来的关系户。

我初来乍到现在这个单位，一个兵还没有，这个小孩安排给我，我本想着，在美国读书的能差到哪里去，结果真是大开眼界。我忙得四脚朝天，他没事可做。交给他订飞机票这么简单的事儿，出错率超过 10%。

抱怨的话不多说了，他本人并不坏，但就是习惯不好。这可能是因为被宠大的孩子，并不知道做事情的标准在哪里，也没有很好地观摩他人并吸取经验。

回想起十多年前，我自己在实习的时候，也是一样茫然，不知道什么该做什么不该做，不知道和同事怎么相处，不知道我做的东西是否符合要求……总之就是战战兢兢，大姑娘上花轿——头一遭。

所以我想，既然是个普遍问题，那么一定有普遍经验可以解决。

我提倡大家多去实习，尤其是多找知名公司实习，因为实习是以最低成本了解公司的方式，特别适合在校生。

我是从大三开始实习的。因为不知道自己能干什么事情，以后想往什么方向发展，所以我的实习包括国有银行（农行、工行）、外资银行（渣打）、外企（西门子、梅赛德斯·奔驰）、国企（中外运）、民营企业（龙湖地产），基本上跟我的金融专业是相关的。

为了搞清楚自己能不能做销售，我还跑去4S店里卖过车，那会儿正是雅阁新车上市，很好卖，我跟着师傅忙得鬼打墙一般，还分给我不少销售奖金。

除此之外，我还从大二开始卖玫琳凯，也是为了搞清楚自己到底能干什么事，当然因为我不肯发展下线，业绩很一般，就是同学校友从我这里便宜拿货。

很不幸，由于我所在的时代，互联网企业并没有发达，我只瞄着金融和地产，所以别说我实习期间，即便是我过去工作的10年，和互联网大厂也没产生任何关系，现在看来，显然我错过了爆发式增长的机会。

我也建议大家最晚从大三开始，考虑自己的就业。那时候一般会问：就业、考研，还是出国？这么多代大学生都是一样困扰。无论你怎么走，最终的指向一定是就业，所以必须以就业为核心考虑问题。

关于将来的去向问题，有人这样咨询我，说学了法语专业不喜欢，大三了想考研，问我考什么方向好。

这种问题绝对不要再问了，因为毫无意义。一个陌生博主，敢随便信口开河说什么专业好？

“好”的定义是什么呢？你们搞清楚了吗？适合自己？容易考上？容易就业？容易毕业？容易赚钱？

对我好的，就对你好吗？现在最热门专业是什么？人工智能，你考得了吗？

更何况，没有不好的专业，只有不行的人，各行各业做顶尖了都不愁就业，问题是你自己怎么看待自己的就业。

建议你们大三开始，想明白自己有几个希望发展的职业方向，然后找出这个领域前 20 名的公司，研究他们的招聘要求。

举例：你希望往互联网方向发展，那么，你可以选择的有 BAT、京东、滴滴、美团、小米……每个公司都各有业务板块，那么你了解清楚是什么板块，比如金融，有蚂蚁金服、京东金融、百度金融，小米也有金融。

怎么做呢？去他们的官网、官方公号、官方微博上搜，是否有实习生招聘计划。如有，按要求投递简历。如没有，给 HR 邮箱发信息，阐明自己的优势，申请去实习。或者找到在里面工作的亲朋好友，要求内推。

如果没有亲朋好友，建议下载职场社交软件，如领英、脉脉等，在里面找相应公司的人，给他发信息，阐明自己的优势，申请内推。

很多公司都有内部的伯乐计划，员工推荐候选人，发了offer会给员工一笔奖金，过了试用期又会发一笔奖金，所以大家是很有动力帮你内推的，前提是你真的靠谱。PS：社招也可以用这一招。

在这个找机会、发邮件申请、笔试面试的过程中，你可能会失败多次，但这能给自己大四的校招打下基础，至少知道每个环节该做什么准备。

真的找到实习了，希望大家明确几个原则：

1. 实习最重要的是给公司做贡献，不是你来学习练手的。

如果把真实的工作想象成狩猎，现在就是你们的新手练习区，如同泳池的浅水区，虽然浅，你也得游，不能在岸边比划就以为自己真的可以了。

有人带你，那是企业开善堂；没人教你，是特别正常的事情。因为企业花钱雇你，哪怕一天只给你100块，也是一笔开支，你想学习只能靠自己，全都指望同事教你，那是没摆正自己的位置。

2. 实习也是工作，请重视自己的表现。

很多人的学生心态太重，你在家、在校，都可以说“我是学生，我不懂，你得原谅我”，但在公司，不能这样。

公司把你当作员工的预备役在训练，你要对得起这个机会，要知道现在经济下行，多少企业裁员得一塌糊涂。现在还招实习生的，可以说是活菩萨了。即便很多公司招实习生是因为廉价劳动力，招过来就是填表格、贴发票、打印复印，把你们当作俗称的“表哥表姐”，但这也是你观察公司的窗口，要珍惜。

3. 实习最重要的是观察，观察这个公司是否适合你。

你们要记住，工作是双向选择，公司选择你，你也要选择公司。

因为在校生没有社会经验，所以你未来想到什么样的公司工作，最好的方法是先进去实习，看看真实情况如何，这样才不会盲目择业，造成第一份工作和想象落差太大，很不满意。

4. 实习最重要的是向公司里的人学习。

你重要的不是学会什么工作流程，那都是最基本的，而是去学公司里的人是怎么处事的。

不要学那些基础员工，你至少应该瞄准中层，看看他们是什么素质，什么风格，做事情什么标准，说话办事什么水平，过着什么样的生活，这是不是你想要的。

观察他们怎么开会，怎么见客户，怎么吵架，怎么甩锅……你一定要当个有心人，把这些都记下来，以后未必要有样学样，但当别人祸害你的时候，你能知道自己在什么状态里，而不是茫然中就被害了。

在以上四点原则的指导下，如果一个实习生没事做，那才是活见鬼了。

有人说：我实习期间挺轻闲的，没什么事做，也没人喊我做事，这是怎么回事啊？

主要原因是不懂事，眼里没活儿，跟不上工作的节奏：

邮件抄送了他，不知道看，跟不上最新的进展；

会议叫上他，连个基础的会议纪要都做不好，当个树墩子旁听，一问三不知，第二次就不会再叫了；

带出去跟客户吃饭，端茶倒水迎来送往一概不会，还得领导给他添茶，也就没有第二次了；

什么东西交给他，做得一塌糊涂，返工难度堪比重做，直接打入冷宫，甚至劝你别实习了赶紧走吧……

年轻人都是特别自我的，10 年前我比你们还要自我，现在是被生活毒打够了，识时务了。

不是说要大家低三下四地伺候领导，我特别不提倡这个，但我写了那么多工作技巧的文章，无非就是想告诉大家，如何具备良好的合作能力，合作是一切工作的基础。

每个人小时候都做过游戏吧？两个小队长石头剪子布选人，一定是能力最好、合作性最强的人先被挑走，剩下能力差配合性差的，那就勉为其难带上吧。轮到这种祸害的小队长一定垂头丧气，觉得自己特别晦气。

工作和游戏有区别吗？没有。都是团队作战，当你不是核心成员的时候，就打好下手，做好服务，这样才有跟着队伍混的机会。

你不肯做，有人肯做，那么你就没有上场的机会，在旁边坐冷板凳能学会什么？可能成长为核心成员吗？长此以往还影响自信。

做一个有准备的人，把各种工作需要的技能提前锻炼好，最基本的就是 office 都会用吗？ PPT 做得好看吗？会写报告吗？会做透视表吗？

去做一个勤奋的人，自行对比你交付的材料和别人给你改过的版本，以及最终版的材料，差距在哪里，努力进行自我提升。

希望你们在职场的每一天，都问问自己：

今天我获得了什么？

我贡献了什么？

我距离我想要的生活还有多远？

Lesson 15

工作的第一课叫作“学会汇报”

我们的一生要写多少汇报?

给上级领导的、年终给老板的、给各类管理部门的……多少人就是找个模板替换下随便写写交差，未曾思考过这里有什么诀窍。

实际上，这是一门有难度的技术。

在体制内，通常应用于向上级报告工作、反馈情况、答复询问；在企业里，通常应用于向上级或者客户汇报情况，提出解决方案，总结项目成果。无论应用于什么场合，一个好的汇报，既能准确、充分地展示成果，又能让对方感受到你在其中付出了什么努力，还能够明确他需要做出什么反馈。从某种程度上说，这是一个你给自己贴勋章的机会，要学会把握。

我刚从体制内出来，走向市场化的行业，很长一段时间是在乙方。刚起步时，花费了最多的时间去学习如何向客户汇报工作。在不理解这项工作到底有什么意义的时候，我也曾嗤之以鼻，找个模板，把工作内容一罗列，完成情况汇集一下就提交，结果是被我当时的老板一遍遍打回来重做。在我按要求改了七八版之后，他用修订模式一个字一个字给我改。

什么语气，什么内容，什么表述顺序，什么格式全都颇为讲究。

我其实是很难理解的，为什么不把时间放在更重要的事情上，一个邮件要讲究这么多条条框框。

而他当时是这样说的：

“你的工作，是你自己最清楚，外人，尤其是客户，并不像专业人士能充分理解这些操作是因为什么，取得了什么效果，他花了钱，请了你来服务，你有义务交代清楚你做这件事的目的、策略、执行步骤、付出了什么努力、取得了什么效果，给他带来了什么样的服务，这样才能打消他的疑虑，让他认可你的工作，你才有更多生意可做，他也才能真正起到请外部团队的效果。”

“若你的操作有什么差池就更需要充分坦诚的沟通汇报，让他清楚事情到什么阶段了，要怎么解决，你准备做什么，他要配合什么，双方才能良性互动，否则就是一锤子买卖，彼此还都是怨气。”

至此我才真正明白了我究竟为什么要汇报：不是图应付差

事，而是总结归纳我的成果。

在此理论基础上，我形成了自己的训练方法。在我培训团队的时候，经常花很多的时间跟他们描绘清楚这个事情的缘由、难点、所需的资源、我们是怎么找到资源又是如何运用的、花费了多少沟通的努力、取得了什么样的效果、带来了多大的影响，要求他们复述：

1. 我写的是什么。

2. 我要写给谁看。

3. 我希望对方看了之后感受到什么，下一步做什么。

在此之后，再开始动笔。

在具体操作上，要求他们最重要的事情最先说，要像写一个悬疑小说一样，先营造出氛围，给事情定好基调，集中展现成果，把线索埋进去，再抽丝剥茧层层分拆，最终紧扣主题盖棺定论。

没有任何一个好的悬疑小说是用时间顺序排列的，这也是新手最容易犯错的地方。若一部小说先从杀手老王的童年写起，自幼爹不疼娘不爱，被欺凌长大，学业不佳，浪迹街头，交了几个坏朋友，变成了小混混，今天偷了老张家的鸡，明天摸了老李家的狗，逐渐的抽烟喝酒嗑药，某次磕嗨了捅了人仓皇逃跑，警察来勘查现场办案缉凶，那我敢说没人看得下去。

但很多人就是这么写他的工作汇报的，效果平平，最终沦为废纸一张。

很多人简历也这么写，项目总结也这么写，年度总结也这么写，最终就是一个普普通通、面目模糊的小职员。

凡事要多思考，动笔之前要想明白，你写这个材料的目的何在。

是记录工作，还是邀功请赏？

是例行汇报，还是总结陈词？

是希望别人知道就好，还是希望对方给你鼓掌喝彩？

明确了目的之后，再琢磨怎么用干净简练的语言，去表达清楚你做了什么事，付出了什么努力，取得了什么成果。段位高一点的人还会去研究接到这份汇报的人有什么行为习惯，喜欢什么格式，说过什么话，关注什么方面，容易被什么打动，写的时候注意排版格式，遣词造句，用对方喜欢的方式去呈现。

这并不能算一种工作中的投机取巧，实际上这是你的工作职责。你有义务让对方清楚地掌握你在做什么，做成了什么，需要什么帮助，这样对方才会给予你期待的反馈，小至对你的工作满意交付更重要的任务，大至升职加薪助你更上一层楼。

工作是占你人生很大份额的事，学会不断提升技巧，展现实力，至少能不浪费每天的 8 小时吧。

Lesson 16
工作场合
年轻人到底该不该端茶倒水

说真的，谈起这个话题我是有点害怕的，因为从好几年前我开始带团队那会儿，就有 90 后的团队成员了，近几年他们已经成为了干活的主力。为了学习“如何跟年轻人沟通”，为此我还专门找了书来看，因为经常听说他们都是蔑视权威，喜欢扁平化的一代人。

但每当我带着他们开会也好，吃饭也好，任由桌上前辈添茶倒酒而他们岿然不动之时，我的内心是还有点不舒服的。

当然我马上批评自己，是自己思维迂腐不懂平等，但我在微博发起了调查，发现 80% 以上的孩子还是觉得只是倒倒水没什么。

剩下的20%，就是我担心的理由：我是来做事的不是来伺候谁的；讨厌这种欺负新人的做派；叫服务员倒呀，这不是服务员的活儿吗。

这一篇我们来谈谈：年轻人在工作场合到底要不要服务他人。

我的建议是要不卑不亢地适当服务。

首先，很多地方没有服务员，比如在私密会所、会议室和大堂用餐；其次，总是喊服务员会打乱谈话节奏，而且他不一定能及时赶到；再次，无论南方北方，我感觉有个不成文的规矩叫做“自己想喝要先给别人添”。

那么无论是客户、合作伙伴，还是你的老板和前辈，给你反复添茶对你都不利。偶然一次是他们平易近人，次次都给你倒就容易显得你不够上道。虽然我也很讨厌一个词叫“眼力见”，但确实这是成年人世界的一个潜规则，我们很长时间都是一个君臣父子等级森严的国家，现代企业制度发展至今，也免不了有点“封建遗毒”。

我在体制内的时候，由于做的是后台工作，无需东跑西颠，加上背景不给力，和领导也并无太多利害关系，实际上是根本谈不上“服务”的。因为印象中一起开会都很少，更不要提出去吃饭喝酒跑客户了。

出来后到市场化的行业里，很长时间都是在一家公司做乙方。其实钱也没赚到，但我也许学会了很多道理，最重要的一课就是“不卑不亢地服务他人”。

当时公司规模小，人也少，老板都得亲自带人，某次客户到我司拜访，行政小朋友给泡了茶，老板看见客户杯里下去 1/3 就起身给添茶，我那会儿就像呆头鹅一样坐着。期间需要给茶壶续水，老板抬手递给我：请你续点水去。

会后他对我说，我知道你清高，脾气倔，不爱给人端茶倒水，但我为什么让你续水，你知道吗？

我：不知道。

他：我不想把你扔会议室里面对客户，你是新人，不知道要跟对方讲什么，在我续水的这几分钟里，客户也会觉得不知道该跟你谈什么，他也会尴尬。

我想想确实有几分道理。

后来老板开始打发我去接个客户、送个礼品、安排个饭局、约个开会时间……这些事对我一个社交恐惧症患者来说，真的很煎熬。

但是，当我不断地在客户、合作伙伴面前混了个脸熟之后，他们就渐渐记住我是谁了，有事也愿意说了。再加上我自己的专业性服务能力在不断提高，他们有需求会第一时间找我而非找我老板了。

老板很久以后才跟我说，“当你的专业性不足够的时候，其实是没机会接触到这些人的，他们也是很难熟悉你的，我不是不能约客户开会，但总是我约，你什么时候能约到他呢？他又什么时候才会认识你呢？要先从服务他人做起，态度要平和，不可卑微，你是在帮他解决问题，不是求着他给活儿，用各种方法拉近距离，多刷脸，多露面，更何况，当你年轻的时候，姿态低一点不丢人，当你有一定实力了，还服务他人，给予对方的尊重就更多了，横竖不会亏。"

于是我也学会了这套方法。当遇到我真正想培养的苗子，会跟对方讲清楚这个逻辑，指使他多去交朋友刷存在。谁不喜欢聪明又勤快的人呢？被服务总归是身心舒爽的，对方要是再是可塑之才，那就更乐意多提携了。

当然服务的前提是不卑不亢，并非像网传的那样：要想让领导舒服，那就要把对方当婴幼儿照顾。这就太夸张了，我们新时代的年轻人不提倡这些。

至于我觉得资质一般的人，我很乐意给他们添茶倒水，反正就共事一小段，说多了还会得罪人。

最后，请你们想想，用认真勤勉的“服务”去接近你想观察的人，这个买卖，划算吗？

Lesson 17
寻医问药
不如自己寻找灵丹妙药

自从我自诩“职场博主”，就开始收到各种千奇百怪的私信问题，有的言简意赅，有的洋洋洒洒，有的让我做选择题，有人让我给出解决方案……看来每个职场上的人都不容易，各有各的烦恼。

我曾和朋友聊起一个职场“外挂”问题——饭局。她说，参加个同行酒会，挺高级的场合，同行基本都是中年男人，期间有人说“叫几个美女来”，不出一会儿，来了两三个年轻漂亮的海归妹子，斟酒布菜，把席中的男人照顾得无微不至，她作为中年女，感觉很尴尬。

这种场合我确实也是不少见，看到席中这样的年轻妹子，心情也是蛮复杂的，替她们心酸的同时，也很心疼自己。

我在工作早期是崇尚公对公，工作和生活分开，不要和同事及客户交往过密的。

在上一段工作的时候我改了习惯，开始喜欢交朋友，但由于对尺度把握不准，又和同事走得太近，影响了自己，这都属于工作中的教训。

现在我提倡的是公事公办的同时，选择零星重要的同事和客户，适度私下沟通巩固关系。

听起来蛮难懂的，我举个例子吧。

比如我前段时间和公司同事一起北京出差开会，天寒地冻的，我去酒店接女同事吃涮肉，工作间隙一起买个衣服逛个街，从办公室里互相称总的生分，马上就手挽手一起喝奶茶了。

有口味清奇的男同事非要吃路边摊煎饼，但因为市容整治没有路边摊，我打听清楚某个胡同里有小店卖煎饼成天排长队，接上他们在寒风瑟瑟中排了好久队，还连吃带拿搞了十套煎饼。

就这么点小事儿，因为在工作之余加入了私下交流，拉近距离的效果超过了办公室打照面八十回。这就是我目前提倡的形式：在工作配合的同时多加入私下互动。

以上是大家共同出差才有这样的机会，那么，在平时的工作中，我们该怎么去建立私人关系？

已婚的要避嫌，未婚的又容易跑偏，你不可能像男人一样跟他约着喝个酒捏个脚，男人又真的愿意和女同事达成盟友关系吗？未必吧。

某次参加区块链行业论坛活动的时候，参会手册上洋洋洒洒三四十个嘉宾，有做投资的、挖矿的、卖硬件的、做媒体的、搞培训的，只有一个女士，还是个某电视台主持人，在一群西装革履的形象照中，她浓妆艳抹收着下巴瞪大了眼睛。

这个风口来了，无论是泡沫还是造梦，无论是正规军还是草台班子，一个大会上除了主持人没有女嘉宾，这意味着什么？

我 10 年前工作的时候，女领导非常多，职场中活跃的女士非常多，也可能是因为在银行的缘故吧。

部门里处长副处长 2/3 都是女士，带你出去吃饭，绝不会叫两个年轻小伙子来“助助兴”，你也根本不必担心遇到性骚扰问题。

现在的小姑娘就没这个运气了，动辄被叫去一些大佬饭局，她们本身就是一盘小菜，像桂花糖藕，像蜜枣南瓜，像一碗银耳莲子羹，亮晶晶，脆莹莹，解油腻。

这些挺着大肚子的中年人们威逼利诱地灌你酒，摸摸手搂搂腰这都是很轻微的了，更多的是加个微信经常暗示你“要识时务，面对真实的世界”。

但你若是真和他们发生些什么，你落不着好处，而且这事儿是一定会传出去的，以调笑的口吻：“现在小姑娘也太随便了，真没意思”。

职场女性是给全社会女人托底的，希望大家对此能有严肃的认识。

职场女性如果能意气风发，赚到钱、有尊严，活跃在各行各业，这就意味着婚姻中、家庭中的女性是有退出通道的，你不会一定要进入婚姻，也不会害怕婚姻出问题之后无路可走。

反之，职场女性若如履薄冰战战兢兢，人数越来越少，离高位越来越远，得不到相应的回报和尊重，那么全社会的女童、女学生、家庭中的女性日子将更加难过，她们的发展路径将会是什么？除了拼命绑定男人之外就没有别的办法了。

这个道理很简单吧？退出机制是最为重要的，这也是投资界的核心理念。你投了什么标的固然重要，但最重要的是你能退出来且落袋为安。

现在很多互联网巨头很尴尬了，今日头条、美团、摩拜、OFO……烧了投资人那么多钱，估值动辄百亿，后来者很难高位进入了，若不上市，靠谁接盘？

投资人的钱也是找 LP 募来的啊，即便这些 LP 来钱快，那也是真金白银，打了水漂谁能甘心？讲这么多，无非就是想告诉大家，日子很难过，而且会越来越难过，但你不能退后。

战场上专门有一批士兵，架起机枪扫射逃兵，你只能往前不能后退，否则就吃枪子。

现实生活远没有这么残酷，那么多人温言软语地心疼你："女孩子不要那么拼，打打杀杀的干什么呢"，无良媒体骗你们说

“女学生怀孕人生赢家，企业更欢迎”，不靠谱的七大姑八大姨说“女人最重要的事业是家庭”……

反正就是在你们刚起步，甚至没起步的时候，威逼利诱地让你放下武器，不再竞争，这是应对经济下行，岗位不足，年轻的电池又不够了的灵丹妙药。

这话真的不能相信，我们每一个职场女性，说起来都是血泪横飞的，谁还没有个为工作想死的深夜？谁没吃过闭门羹？谁没有失败过？谁没有偷偷哭过？

工作就是这样的，朋友们。

人有两种：目标导向和过程导向。

目标导向的人更适合做职业经理人，因为你们喜欢看到明确的方向，并对此努力，通过拆解目标、分步实施达到想要的结果。

过程导向的人更适合去创业当老板，因为他们对“不确定性”这事并不感到特别焦虑，走着看着，边走边做，边做边调整，因而起步的时候可能是个奥拓，车跑起来了什么零件不行就换什么，开一段时间，能变成奥迪。当然了，也可能变成破烂。

很多人问我都是目标导向，很可惜，你们拿来的都是很具有不确定性的问题，你们当然会感到焦虑，我也无从回答。

你觉得上海好还是杭州好？

我去大公司还是小公司好？

我是去体制内求安稳还是到市场上博收益？

AB 两个工作 / 城市我该怎么选?

如果要做运营我要做哪些准备?

我不想做会计了怎么办?

领导给我穿小鞋怎么办?

哪一个问题都够旁征博引地写一篇论文了，而且对象不同答案也不同吧，这类投稿我从来不回答，因为不想惹麻烦。

不客气地说，在我对你一无所知的情况下，你提出这种问题，证明你是一个不会提问的人，更是一个不会学习的人。

不要小看提问，提问是门技术，提问在传播学专业中是一门专业课，叫《新闻采访学》，或者《新闻采访与写作》。

没有提前做好功课，没有透彻地研究自己，没有在提问之前就想好整个逻辑的人，根本提不出任何有价值的问题。当提不出有价值的问题，既暴露了自己用功不足，也没有体现对被问者的尊重，双方都只能感受很差，不欢而散。

你们要掌握一些基本的研究方法，学会从多个渠道搜集信息，真正用上这个好时代给你的机会。

现代人的信息搜集和处理能力等同于原始人的狩猎能力，都属于得靠这个活命的本事，不会搜，搜了看不懂，看懂了没及时反应，这搁以前那就是分分钟丧命的节奏。

很多人咨询某个工种怎么样，某个公司能不能去，我对研究公司有自己的方法，通常看企业、行业、公司团队三方面信息：

关于企业：

1. 组织架构：去企业信用信息网上查（天眼查、企查查之类的也行），这个企业是什么性质，有什么关联公司，是否有过行政处罚，什么处罚。

2. 运营数据：主营业务是什么、经营情况怎么样、业绩如何，增长如何。

如果它是近 3 年内上市的公司，好好去看招股书以及近 2 年的财报，企业官网通常会挂，不行你就去股吧找找，弄清楚这个公司的历史存续和商业模式。

3. 资本运作：融资了吗，融了多少，到哪一轮了，股东是谁。

4. 对外发声：看这个公司的相关新闻，国内国外的都看，尤其是看质疑类的文章，注意区分新闻和软文。

关于行业：

1. 这是个什么行业，近几年的动向如何，趋势如何？

2. 目标公司在行业中处于什么地位，是龙头企业还是虾兵蟹将？

3. 目标公司面临哪些竞争对手，竞争的结果如何，它有死掉的风险吗？

4. 行业是被谁监管的，可能出什么政策影响发展吗？

关于团队：

1. 创始人是谁，什么背景，做过什么。

2. 核心团队是谁，CEO、CFO、COO、CTO……都是什么来头，去找他们的社交账号，看看资质怎么样。

3. 价值观如何，尤其是看各类吐槽贴，如有机会去找到这个公司内部员工打听一下，管理是否混乱，是否用人唯亲，是否拖欠工资奖金等。当然，吐槽多是带有强烈个人情绪的，也有竞争对手故意抹黑的，需要自己辨别，不必当作主要评估标准。

以上都找出来且综合分析完，相信你会对提问更有方向的。

一个好的问题，是让提问者和答者都如沐春风，能感到交流的快乐的。

实际上，当你做完这些功课，大概率就没有必要提问了呢！

Lesson 18

遇到了职场霸凌？欢迎来到真实的世界

几年前，尚不太出名的咪蒙写了一篇《致贱人》，这是朋友圈刷屏最厉害的一篇文章，也是咪蒙引领自媒体行业的一个标志性事件。

从此以后，咪蒙逐步走向巅峰：一篇文章68万，一本鸡汤书卖了60万册，开起了淘宝店，卖起了加薪课，从一个做影视赔钱的编剧，成长为年收入破亿的流量大V。

那篇文章其实非常浅显，只是用了近乎咆哮体控诉那些职场中想尽办法占你便宜的小人，都是短句，朗朗上口，读起来仿佛是出了一口恶气：贱人！呸！也就是这种简单粗暴的发泄，让这篇文章做到了300万的阅读量，咪蒙瞬间涨粉20万，因为太让人“共情”了。

哪个上班族没遇到过这种委屈？你吭哧吭哧费了好大劲锻炼出来的技能，在别人眼里不过是“举手之劳”；你的心血之作被别人拿去后还嗤之以鼻：“不就这么点事，你可真小心眼”；你本有自己的安排，不断有人源源不断甩活儿给你，根本不知道给你添了多大的麻烦。

更不要提那些明里暗里抢你的功劳、悄悄给领导打你小报告、甩黑锅给你、把你升职加薪机会抢了去的职场小人，说起工作，每个人都有一把辛酸泪。

这就是我们的日常，这就是真实的世界。

我反复在讲，工作对于现代人，正如狩猎对于原始人：都是谋生的手段，也都是丛林生活本身。原始人他们出门之前是不知道今天是否会有收获，哪里埋伏着风险的，甚至连是否能平安回洞穴都要打个问号。我们现代人也是如此，遇到挫折就是工作的常态。

所以，当你为这些阴暗面苦恼的时候，希望你先用一句我常说的话来宽慰自己——这不过是如微尘一般的生命里，如微尘一般的小事。

接下来，我们来看看，该如何把这些障碍扫除干净。

做任何事情，我基本习惯三步走：

1. 先明确是什么。

2. 搞清楚为什么。

3. 想明白怎么办。

1. 分辨“什么是职场霸凌”？

我建议大家先搞清楚，什么是正常的困难，什么是人为的障碍。

正常困难通常是对事不对人的，比如对流程、项目质量的要求；针对项目本身的返工和优化；随着事态变化产生了需求的变化和调整等等，特点就是：并非故意为难你，而是对于该项目合理的、正当的要求。

但如果你在推进的过程中，遇到了一些人为的阻力，且有针对你个人的现象，那就要小心应对了。

比如对方的推诿逃避、移花接木、故意使坏、给你栽赃嫁祸等，这就是明确的职场霸凌，也是我们要着力解决的。

2. 为什么会遇到职场霸凌？

我把职场霸凌分为几个类型，根据对象、程度的不同，有如下的划分方式。

（一）因误会产生

其实很多摩擦是来自于误解，而非刻意使坏，因为沟通不足、互相理解不到位，也不太欣赏对方，无法从全局角度考虑工作，因此配合的意愿不够强，导致从外面看起来仿佛不好合作。

（二）有竞争关系

这是最常见的一种形式，也是最有动机去搞职场斗争的一群人。很多人的职业精神很不正常，重点没有放在要好好工作上，而是多抢别人的成果、多给别人添堵，以掠夺他人成绩为主。

（三）因站队导致

尽管初级员工是不涉及站队问题的，大家都是随机地被分配进各个部门或项目小组，然而因为高层有利益纠纷，导致了两个团队之间出现了氛围不融洽、被动斗争、被迫互殴的尴尬局面。

3. 有什么针对性解决办法？

解决办法还是要针对霸凌的几个缘由，一一击破：

（一）对于因误会产生的不顺畅，加强沟通是最好的解决办法

沟通的方式我建议对公＋对私，其实这种方法无论是否遇到了职场不顺畅都建议大家使用：和同事做朋友。很多人把“朋友”看得很金贵，仿佛没有过命的交情就不算朋友；也有人把“朋友”看得很平常，仿佛加了微信就算是朋友了。我建议折中：只要大家没有大的利益冲突，能好好合作，就可以算是朋友。

和同事交朋友的方法，首先是日常好好合作，不要在工作上互相添堵；其次是适当加一点私人交往，比如下午茶点咖啡的时候多点一杯，有点零食分享一下，一起加班时凑着吃个盒饭，出差时互相照应一下，这就足够了。

当别人对你的为人处事方法了解越多，就会信任越多，互相之间的摩擦也会减少，有点不顺畅也不会理解为你是故意刁难对方，宽容度就比较高了。

（二）对于竞争对手导致的，要好好工作＋保留证据＋适时反击

我一直认为，人是要坚持一些普世价值观的，比如认真勤

奋、努力做事、诚恳坦荡，但很多人就要反着来，靠坑蒙拐骗赢得一时利益。建议大家要坚持正向的价值观，因为世界很小，各行各业的人会因各种莫名其妙的方式达成联系，如果不注意口碑的打造，很容易给未来埋下祸端。

无论哪个行业，认真做事的人都是宝，建议不要在人际关系上太过苦恼，先抓基本功，以项目为重，把事情做好了很多攻击、陷害、谣言都不击即破。

但在做事的时候务必要学会留证据，保护自己。比如领受任务时先确认自己是否理解准；过程中多和对方探讨沟通，以确保在正确的方向上推进；交付材料时务必采用你们单位认定的沟通方式，比如发企业邮箱、钉钉、企业微信等方便留痕，方便回溯的工具，不要为了图省事用微信、QQ 等不正规工具。

即便是为了快速沟通，你们用打电话、语音通话等方式，还是要以邮箱发送书面的会议纪要或者备忘录作为依据，也方便后续查看以及明确责任。

除此之外，还建议大家经常进行正式的工作报告，不要口头汇报，而是形成文字材料、条分缕析地阐述工作成果，复盘项目，并提出进一步整改和优化的方向。

有些单位让员工写周报、月报，定期盘点，要认真对待，好好展现你的工作成果；有些单位不做硬性要求，你要给自己加量，不定期地整理工作进展，发给你的领导，抄送利益相关人员，让大家都了解你们现在进展到什么地步，取得了什么成绩，需要什么协助，也方便他们及时参与进来。

在被人冤枉陷害时，要先和你的主管领导阐明真实情况，取得他的支持。一般领导是愿意支持你的，因为当下属出了差错，他们也脱不了干系，如果能证明是被陷害，他们都是愿意帮忙澄清的。

你和主管领导一起，无论是私下还是公开，把证据展现充分，不要随随便便就背锅了，锅背得多了，不是你的错也变成了你的错，会给自己的未来发展制造障碍。

（三）由于团队利益斗争导致的团队成员间的不对付，建议冷处理

你的领导和对方领导不睦，作为下属，和对方团队走得近了，可能被认为是和领导“对着干，吃里扒外”；若横眉冷对，又会把“我是 XX 的人”这个标签贴得太明确了，万一以后你的领导斗争输了，容易被牵连。

所以最好的方法就是冷处理：交到手上的事，好好做，尽量对事不对人，不要故意给对方团队设置障碍，但也不宜表面上走太近。

还是以做事为根本，要知道你在职场是长本事、赚钱来的，不是为了你领导的私人利益鞍前马后效力的，你的付出对象要明确：凡事不能以损害公司利益为底线，处理方法上圆润一些，看长线。

我们漫长的职业生涯中，遇到什么事其实都不稀奇，因为人

的多样性也导致了组织的多样性，但任何时候，做不好分内的工作，都是最大的错。

只要按照普世价值去做，以工作本身为效力对象，以公司利益为首要考量，认真工作，不被流言蜚语所扰，不让繁琐小事牵绊，踏踏实实地追求更高的职业要求，更优的工作标准。

斗争都是一时的，合作才是永恒的。

Lesson 19
如何圈地

职场是狩猎场，这个概念我已经强调很多遍了。和我们远古时期的祖先一样，他们走出洞穴奔向丛林寻找猎物，和我们今天走出家门去上班是一个道理：为了填饱肚子活下去。

如果从狩猎角度来理解，每个职场人应该做好的至少要有三件事：

1. 圈地为王。

狩猎场上，若是一定面积内猎手太多，那将出现争抢猎物的现象，更可能由于狩猎太过使得猎物不足，大家集体饿肚子。

工作也是一样的道理：若没有明确分工，一群人抢一定的工作量，任务量不饱和大家谁都成长不起来。

你应该树立领地观念：明确什么是我的任务，我应该对任务做什么样的处理，我该如何保护我的工作成果。

如果别人出于什么心怀叵测的角度过来干涉、抢夺、抹黑你的劳动果实，你要勇于保护自己。比如你的工作任务如果被他人做了，你别觉得高兴“这下我轻松了”，任务就是你的猎物，你要拿任务去邀功的，别人抢走了，你岂不是被暗算了？

2. 合纵连横。

有单打独斗的猛兽吗？有，但很少。即便老虎，也多是夫妻联盟共同狩猎，大部分高等掠食动物也要组成小团队通力合作。

在职场的你也很难在任何人都不支持你、不帮助你的情况下成事，现代社会将分工已经做到极致了，你不可能一个人搞定一条生产线。更何况，“合作”是非常重要的能力，你的合作性也是要被评估考察的。

具体到工作中，你既要学会和直属领导、项目组内小伙伴、外部合作方达成联盟，彼此支持，互相补台，大家都是利益共同体，先创造蛋糕，再说分蛋糕的事。

但与此同时也要保持界限，学会给自己的工作成果“加密”（后面会具体讲到），不要在合作过程中被抢了猎物：猎物打回来，别人分的多，你分的少。

3. 勇于战斗。

无论是狩猎还是保护领地，你都应该不怕事、不躲事，迎难而上，直面挑战。

由于害怕和他人产生冲突就不敢保护自己，这叫懦弱，也叫对自己的不负责。

在以上三个大原则中，其实都隐含了一个关键点：你怎么标识领地和猎物?

动物好说，它们最常用的方法就是撒尿、排便、在领地的周边留下自己的气味粪便毛发等，以警示同类：不要越界。

在它们猎物被抢时，它们也是拼了命去撕咬的。暂且不论结果如何，这种斗争精神都值得我们学习。

具体到操作层面，我们该如何给自己标识领地呢？我建议可以注意以下几点：

1. 形成明确的个人风格。

这点在时尚圈被应用得很广泛，比如香奈儿（CHANEL）艺术总监，人称“老佛爷”，永远是一个样子：白发、黑墨镜、黑西装、白衬衫。他在不断强化自己的特点，出席什么正式场合都是类似的装扮，让人一想起这些元素就能想到他，因此形成了独特的个人风格。

你也可以是一样的。你可以挑一些个人风格强烈的东西不断强化，如口红色号、发型、衣着风格、饰品等，不是说你要像他把一个形象保持几十年，而是你要自成一体，保持和谐。在穿衣打扮方面可以强调职业化，其实商务休闲装穿起来是非常提精神的，也会让你能适配更多的场合，不至于露怯。

除了在自己身上动脑筋，还可以用外物来强化：比如你可以把办公区域布置得别具一格、形成在办公室吃喝特定东西的习惯（如咖啡）、办公桌上摆特色鲜明的摆件等，总之让外人能一眼分辨这是不同于其他人的，你的特征。

2. 作品质量上，你要形成标准。

用外在给自己打标记的目的是为了让别人更好地分清你，那么当你在工作本身上有卓越表现时，就更容易被人记住。

为了区分他人的作品，你可以用特殊的模板、固定的字体和风格、配色、不同的文件命名方式、便签贴等工具，让别人能分辨出是你的作品。

比如我曾经有个下属，她刚入职不久，我叫她一起和客户开一个项目会。会后一小时内，她提交了一份极佳的会议纪要：有主题、有逻辑、有问题、有建议解决方向、有各种背景资料的补充，且格式优美，不参会的人拿着这份材料也可以瞬间明白会议内容，甚至连参会的人也不一定有这么全的背景知识。

我觉得非常好，马上全组推广，让大家以后就以此为模版做会议纪要，这就是她给自己打的第一个记号：井井有条。

其实在我自己刚入行的时候，也下功夫钻研过各种工作到底应该是什么表现形式，应该具备什么要素。可以说我的作业质量就是公司“马仔”中的最佳质量，公司通用的各种模版都是以我的作品为蓝本的。

这么做，无论是新人入职，还是其他部门同事，一说起来就是：你可以找她要模版。你的作品既在全组织内得到推广，又因为别人老找你获得了更多交朋友的好机会。

3. 学会打自己的标签。

知识产权的保护是非常重要的，尤其是现在各种抄袭层出不穷，工作场合也要多加留意。

如果不是直接给客户的版本，你在内部交流的文档上可以充分保护知识产权，用各种形式的标签：比如在页眉页脚上标注、文档背景加水印（可以是以项目组名义而非个人名义加）、文档批注都显示自己名字“XX批”、文件命名中都加上自己名字等。

当别人问你要过往案例做参考，你可以尽量给出不能编辑的版本，如PDF文件，或者提前设置成只读模式。

总之，建议大家多去学习office的各种操作技巧，把能埋标记的功能搞明白、用充分，对自己的作品要有保护意识。

毕竟你交出去的东西就是你的猎物，若是随随便便就被外人改了、换了、移花接木了，那岂不是白费了苦心？

4. 细节处用心。

除了在模板上动手脚之外，你还可以给自己方方面面“加点戏”，比如形成自创的汇报格式、邮件中个人特征明显（如你有固定的结束语）、哪怕是以公司送礼，你也可以给对方发个信息提醒他查收，结尾署你的名。

你要成为移动的个人品牌，你的外表、作品、行事风格要处处强化你的个人特征，要有意识地训练他人对你进行区别认识，并对侵权行为高度重视。

只有你学会把自己当作一个领地的统治者去看待了，才有可能建立起你自己的护城河，把作品和荣誉都牢牢拢在自己名下。

否则即便不怕贼偷，也怕贼惦记啊。

Lesson 20

酒香也怕巷子深
正确邀功是职场基本功

我的知识星球[1]上有个姑娘咨询，说她是今年的毕业生，刚到一个互联网公司俩月，同批和她一起进入的还有一个男孩。

她和那个男孩学历相当、背景相当，能力也相当，但领导就是喜欢男孩，给他的都是产品技术方面的核心任务，给她的就是一直运营支持类辅助杂事。

还把琐事都摊派给她，好项目由男孩单独做，但她不能做；好任务优先派给男孩，漏下来的渣才是她的。

1．原名小密圈，是一个知识交易的 App 平台，是内容创作者连接铁杆粉丝，维护高品质社群的工具。

她天天加班到10点，周末加班也毫无怨言，那个男孩到点就走，事事推脱。

结果，现在领导要找实习生，让她负责选人。她选了个女候选人，领导说“再找找，尽量选男的，男的能加班，能扛事”。

她气得不行，认为全组就属她加班最多，怎么还不受待见，要遭遇这种性别歧视。

我看我平时就是教你们阳谋太多了，结果你们各个都默默无闻加油做，俯首甘为孺子牛，但漏了很重要的一个环节：正确邀功。

俗话说，酒香也怕巷子深，你不吆喝，啥都默默扛着，别人觉得你没费什么事儿呀，没有不满意呀，都是你分内该做的事儿啊！

所以一定要学会邀功，这是职场的基本功之一，有时候甚至重于做事本身。明明苦都是你吃的，领导也不念着你的好，有好项目也想不到给你，何苦呢？

你们看有些人，做事不行，抢功邀功可是很厉害，又因为他实际上不做什么具体的事，自然也就挑不出错来，市场行情比那些默默干活的老黄牛好很多。

我是不建议大家偷奸耍滑，因为职场早期都是长本事的时候，你多学多做事，都是给自己的未来添砖加瓦，好好干活你是不会吃亏上当的。

但你也不能不学会吆喝，指望别人能慧眼识珠大概率是要落空的，更何况会邀功的人那么多，老好人是事倍功半平白吃亏的。

邀功方式可以有以下几点：

1. 勤发加班的朋友圈。

把和你工作相关的人都多加一点微信好友，然后把同事、同行、客户都建一个专门的组，每当你加班到10点，记得拍灯火通明的大楼，别人空空如也而你依然在艰苦奋斗的工位，吃了一半的盒饭、半杯咖啡之类的。

配字：每一天，都在为梦想奋斗（诸如此类的鸡血文吧，网上多找一点，轮番着发）

2. 勤向领导表功。

领导要认可你，表扬你，首先要知道事情是你做的吧？只有让他知道了，在他面前露脸了，才有可能获得嘉奖吧？

有很多人很搞笑的，远远看见领导来了甚至躲着走，那是你的仇人吗？那是你的贵人呀！你见到贵人能躲着走吗？

一些职场菜鸟很容易吃亏，你的同事说：你把XX发给我，我来汇总。你咔咔微信发过去，人家统筹汇总提报去了，这可都是他的功劳。

所以我不知道讲了多少遍：留痕！一定要留痕！给你工作邮箱、钉钉、企业微信，就是让你使用的，不是当摆设的。

你做了什么材料，发个邮件给对方，抄送相关人员，然后在工作群里圈一下收件人，说：XXX已提交，请查阅邮件，有问题随时喊我改。

就这么一点小操作，既多方面确保对方知道你已提交，又能够留存文档，日后追起责任来大家明明白白，你何乐而不为啊？

如果你的邮件可以晚上发，可以早上发，那就记得晚上发，显得你夙兴夜寐，勤奋无比，你甚至可以定时半夜发送，早上又如期到达办公室，领导关怀起来默默摇头：工作重要，我没问题。

3. 多向领导请教。

你要经常找领导聊你对工作的想法、思考、做事方法，拿你想的 ABC 方案去和他探讨，让他拿主意，给人一种很有上进心又非常忠诚的感觉，且一切都是领导栽培有方，你不过是紧跟着领导指示小步快跑而已。

而且你要多找事情做，领导还没交代，你可以先做研究，提前筹备嘛，拿着你做的准备工作跟领导讨要：XX 工作我已经做了一些研究，希望能有机会更深入地做下去。

一次两次不行，十次八次总有事情交给你，而且显得你特有上进心，特别热情洋溢，主动承担工作，急领导之所急，想领导之所想，以后的事情自然重心就到你这里了，你也获得了更多锻炼的机会。

4. 掌握汇报机会。

正式的工作汇报是最重要的，尤其是有大领导及客户在场的，这对你自己的曝光是非常好的机会。

最好是你做的项目，由你来提报，你要让领导相信，你对自己的方案最熟悉最能讲明白，然后充分准备，把一切可能出现的问题都提前打好腹稿准确应对。

哪怕大领导现场批评了你，只要不是致命问题，你也多露脸了，只有好处没有坏处。

年底升职加薪的时候，领导想起来：哎，你们部门那个小谁，不是经常给客户提报，客户很满意吗！你的主管若跟你没仇，也会打蛇随棍上：对对，他是不错，要不给他动一动吧。

正常的小主管都是明白的，你不提拔下属，让下属永远待在基层岗位上，没人能接自己的班，自己要怎么升？

以上方式轮番使用，要注意不断提高技巧，让你的种种表现越来越自然、柔和，潜移默化地展现自己的优势。

Lesson 21

什么才是谈涨薪的正确姿势

对很多企业来说，Q4 [1]的业绩占到全年业绩的一半，是大干快上的好时候。

对于个人来说，Q4 决定了你今年的指标完成情况，也即将做出明年业绩预测和预算规划，年终奖已经在路上，是个承上启下的好时机。

而且一般企业，在明年 Q1 有一次针对员工的年度评估和盘点，上一年表现如何，决定了你领什么赏罚，下一年有什么样的起点。

所以我建议大家珍惜这个窗口期，务必做好各项准备，别掉

1．指第四季度的意思，“Q”代表“Quarter”。由此可以类推：Q1,Q2……

以轻心。否则一年复一年，你什么时候往上走?

我们多少都看过宫斗剧，其实后宫女人和职场没什么差别，都有不同的职位，对应不同的俸禄和吃穿用度。

晋级的标准也无非就是有重大项目进展（如怀孕了、生产了）、有重大贡献（如家人在前朝有功、为一二把手效力了之类的），或者就是定期普调（在某一位份待得蛮久，友情提拔）。

职场互相斗争也无非就是从这三个方面下手：

1. 把别人的重大项目搅黄了，如把孩子搞没了。

2. 把别人的重大贡献抹杀了，如把对方家人搞没。

3. 自己先上去，把提拔窗口堵住，以便压制他人。

所以，与此对应我们其实也要两步走：

一是给自己寻找升职的理由。

二是谨防别人给你下绊子。

两方用力，方可有所成就。

我曾经有个小下属，是我大学同学推荐过来的，他当时的实习生，因为他手里没编制了，问我是否能接收，小孩素质还可以。

我就让她过来实习，考察了两个月也确实还行，比较勤奋，也愿意学习，就留用发了 offer，安排给项目主管带着。

因为是同学委托的，所以我也蛮注意教她带她，有的作业就是我亲自指导，平时也经常带她直接见客户见合作方，算是那种亦师亦友的关系，她对我应该也很是欣赏。

插句题外话，平时工作中也有不少人问我，XX 工作是否值得，我都建议他们，如有机会进去实习一下最好，实习是最低成本了解公司的机会，而且也给自己留了双向选择的缓冲期。

最重要的是，你去观察这个组织里的中层干部过着什么生活，是什么素质的人，他们秉承什么样的价值观，做事是否正派。如果他们的状态是你想要的，那么这个组织是合适你的；否则就建议不要去，待不久。（此处推荐复习："Lesson 14 什么是一个实习生的本分？"）

我提倡大家要去欣赏你的领导，如欣赏他的敬业精神、专业技巧、对员工的培养能力、业界口碑等，如果不欣赏那就证明你们不合适，是无法长久合作下去的。（此处推荐复习：Lesson 5 我们怎么挑老板？）

回到正题。我带了她半年吧，那会儿我因工作调整换了个平台，走之前把剩余团队和手中的项目委托给其他部门负责人了。

结果没想到所托非人。那个负责人表明上看起来业务能力不错、和颜悦色，实则心眼很小，加上我这边交过去的全是金融类项目，她专业跟不上，做不下来，不出两个月，纷纷丢单了。

一旦丢单，项目团队就没事可做，奖金收入少了一大截，工作量不饱和，大家感到朝不保夕，也就纷纷寻找其他机会了。

这个姑娘自己出了业务差错，新领导对她严厉批评，成天甩脸。她心理承受力不行，找我哭诉，我想着也是要用人，让她过来算了。

当时她毕业不足一年，过来就要求40%薪水涨幅。我跟她解释，我去争取，但这个比较难落地，一是你工作经验不足，没有标杆案例可支持；二是我也刚到新岗位，自己也还没坐稳，和领导还要培养信任，不宜过度争取。

后来就是磕磕绊绊给她弄了30%，其实也没差多少了，她就过来了，再不过来原来的团队也要开她了，但可能那个时候觉得预期没达到，内心不痛快。

我带团队向来是喜欢把他们怼到业务一线，提前讲好工作方法，让他们直接跟外部对接，有问题再整改，这样才能最快成长。有些人的风格是严格限制下属对外沟通，避免他们出错带来麻烦。

因此这些下属就和其他部门的负责人直接沟通需求，完成对方给的任务，这期间定期给我汇报反馈，由我负责出品质量。

但后来我发现这样可能给年轻人带来了误会，认为自己非常重要，甚至已经是项目负责人了，由此产生了超额预期。

这个姑娘大概就两三个月找我一次：我转正了，该提提薪吧；我已经工作半年了，该提提薪吧；我工作9个月了，该提提薪吧……

每回都是冲进我办公室，也不摆成绩，直接提诉求。很不幸的是，这期间她还总有业务差错以及别的部门投诉。

我跟她解释：不年不节的，没到普涨窗口期，加上也没什么重大成绩，师出无名，这提薪我上报了也通不过啊。

我还给建议：把你加入以来的工作成绩好好捋一捋，业务的、团队的、项目配合的，形成一个报告，我好适时向上呈送。

结果这姑娘的工作报告也写得差强人意，我指导她改了几次，一直在等机会。她可能就误会我不想给她出力，愈发懈怠。

后来不足一年草草提离职了，成绩没做出什么，心态上感觉和我已不共戴天了。我没说啥，祝她一切顺利。

再后来我又换了平台，把部门工作安排好后，把踏实勤奋有进步，且我也看好的小朋友顺带着提走了，涨了 60% 薪水。（此处推荐：Lesson 23 什么是好的工作态度）

很多人可喜欢讲什么“嫡系部队”了，既有道理，也没道理。

我的读者们如果看了我反复推荐的《万历十五年》会明白，这其实是一种职场信用体系：我们共事过，互相付出也彼此信任，才能交付更多，有福能同享，有难也须同当。

官场和老板层面，嫡系通常要跟血缘挂钩，再不济也是同窗、很久的同事，因为要经历过漫长的周期才能信任一个人。

普通白领的职场，就别讲嫡系了，讲联盟，此处荐书《联盟》。其实就是在共事过程中逐步信任，达成长久伙伴关系。

一个人如果从 22 岁开始工作，60 岁退休，那就是 38 年的职业历程。每天 10 小时，职业生活占到了生命的 1/3，耗费了如此多的时间和心力，在职业中好好进步，增长智慧才是正经事。

年轻人办事缺火候，也缺乏对人性的正确认识，不知道做事要有凭有据师出有名。古代提拔臣子要有战功赫赫，现代人职场进步也要有重大突破，不谈贡献什么，很难获得相应回报。

至于各位，请记住涨薪有两个窗口期：

一是等待普遍调整的机会，绩效评级良好就有涨薪希望；

二是找到关键节点重点击破，创造出重大贡献，获得奖励性晋级机会。

其他时间，建议多筹备。

往往第四季度是最好的筹备期，各个团队一年的成绩单即将见分晓，你的领导在努力刷存在感，你也应该存了这份心，关系到你和你团队的年终奖，以及明年的起点，务必提前谋划。

提的时候分三步：

1. 准备充分的业绩报告，方方面面佐证自己有重大突破值得提拔。

2. 同步看其他机会，争取拿到满意的 offer。

3. 找领导请求提拔，若允诺，可留下；若打压，拿到 offer 就走。

这才有可能一击即破，没有好好筹备的提薪申请就是愚蠢，望大家警惕。

Lesson 22

我为年轻时对领导的偏见感到抱歉

每当看到新人入职，我都会想起 10 年前我刚工作的时候，真真是白纸一张。这 10 年互联网发展、智能手机的普及、4G 网络甚至 5G 的通达……已经让这一代新人更聪明，更成熟，更会广泛地学习。但是，我还是担心她们起步之初会受到一些社会偏见的干扰。

在我刚工作进入某行总行的时候，我的上级领导是个工作了七八年的女士。现在想来，她当时 30 左右，业务能力强，工作要求高，我被分到她这组，老同事偷偷说："你惨了哦。"

于是我真的蛮"惨"，我的作业被反复退回修改，成为当时同一批入职员工里返修率最高的。她可谓是锱铢必较，一个本该是半角符的逗号，我弄成了全角符，也会被退回重做，还对我多番训斥。当时，我在心态上是个弱者，有时候还气得在办公室里哭起来，感慨摊上了一个“阴晴不定的变态老女人”。

我做了不足3年就走了，实在是不擅长做这种封闭式的工作，这么多年来也没有再联系过她，但她一直是让我良心不安的人——因为后来的我，对下属的苛刻程度比她有过之而无不及。

当我终于掌握了一些事情，也掌控了一些项目，我对作业标准就看得格外重要：要求经过我手的作品一定要尽可能地专业、逻辑严密、表达顺畅、美观、让人舒服……而我当时吊儿郎当，是因为根本没有领地，因而就没有控制欲。

现在这么苛刻是因为明白了这个事关职业尊严，很重要。

很多人说“女领导强势”，其实不然。领导无论男女都很强势，否则他坐不上这个位置。

但是强势有什么问题吗?

我认为唯一的问题是：有些人根本辨别不出什么叫强势。

颐指气使、色厉内荏、咋咋呼呼、耀武扬威、狐假虎威……这些都不叫强势。真正的强势是“我喜欢，我愿意承担责任、去掌控这件事，我希望对这件事的结果负责，我有把握这件事按我的思路去做可以成功，我不乐意让闲杂人等插手我负责的事，有人要搞破坏我会坚决打击”。

强势不是态度，不是情绪，简单来说叫领地意识。是有意愿且付出努力地保卫领地。动物为了保护领地经常付出生命，我们为钓鱼岛吵得一塌糊涂。图的是什么？是领海。

保卫的手段可以多样化组合使用。笑眯眯地恐吓、警告、派潜艇过去转转、声东击西地搞些其他事情杀鸡儆猴，也可以直接上去抽耳光。

工作中，首先学会靠近强势，其次要“高级”地强势。你们要相信，男权社会下，一个领导的位置只要坐的是个女人（老板配偶除外），她付出的一定比男人多，她吃的苦一定比男人多，她的能力一定比男人强。

因为她要竞争的，除了和自己水准接近的女人，更主要是比她水准差很多的男人。现在很多工作岗位，对女性入门级的要求就比男人高很多，更不要提这种稀缺的领导位。

而男人就不存在这个问题了，他只要竞争过同级男人即可，除非一个女性比他强太多了，他才可能竞争失败、上位受挫。

一个男领导在公司里骂骂咧咧，很多人觉得没问题，总裁范儿。

那女领导做同样的事情又有什么问题呢？有很多人说“女领导暴躁”“易情绪化”。

你们要知道暴躁易怒这都是荷尔蒙影响，女性天生的雄性激素就比男人要少很多，从概率上讲，女人比男人更狂躁的情况很罕见。做到领导的女人又比男人要少那么多，“女领导暴躁”这个标签从何而来？

从你的偏见。

Lesson 23
什么是好的工作态度

前两天有个学生问我，说她在实习，单位里领导明显喜欢老人胜过新人，事情都愿意安排给老人做。之前跟她说，让她参加一个学术会议，但临时又取消了，她搞不懂这是不是办公室政治。

我跟她说，别想多了。新人坐冷板凳是常事，初来乍到，别人不熟悉你的办事能力，不敢随便交办重要任务不是很正常吗，你体现出能力了吗?

现在人跳槽已经是家常便饭了，比如我就在过去的一年半中已经换了三份工作，跨度三个地区，行业也是三个不同的。要知道，我过去的工作时长都是以三年五年为单位的，稳定性极高，结果，突然觉得自己需要活泛点，就如此乱跳一发不可收拾了。

无论你是职场新人，还是到一个新单位，展开工作的方法其实都是一样的。很多人没琢磨明白，到了新单位发现没人理，各种手续也不会办，中午连个吃饭的搭子都找不到，每天毫无存在感地来来回回，沮丧极了。

工作是需要策略的，因为这不是你的兴趣爱好，大家是为了求得统一利益才聚拢在一起，脾气秉性各有不同，利益诉求也各有不同。那么如何包装自己就显得很重要了，你需要塑造自己的职业形象。这个包装不止是言行举止，更多的是意识形态层面的。

据我观察，男人踏入工作岗位后，社会化进程的确非常快，竞争意识也能很快地树立起来，同龄女生在这方面觉醒就晚很多。

专业的职场人最需要两点：

1. 能做好事的能力。

2. 愿意做好事的态度。

很多人会讲，态度重于能力，我认为这是对初级员工的要求。对于高阶人才，能力更为重要，但态度得分也不能是负分。

态度好，不是说你要打不还手，骂不还口，笑眯眯做老好人，更多的是你愿意参与多少，能投入多少热情，配合程度怎么样。

很多人尽管成天笑眯眯，但对事情能逃则逃，对工作推三阻四，对同事虚情假意，那这就不能叫做态度好，只是很油滑罢了。

市场化的行业里，我们还是不提倡这种工作习惯的，人要在做事中成长，在项目中得到锻炼，在与人的竞争中提升水平。

我建议大家可以用一个方法：想象自己灵魂出窍，漂在空中看肉身，观察这具肉身的言行举止，你自己欣赏不欣赏，又认可不认可。

老板提了个想法，你还没仔细思考是否不可行，就一副冷脸：呵呵，又出幺蛾子，想折腾谁啊。看到这样的场景，你怎么想？

主管刚说了准备大干一场，你听见就烦：有完没完，成天给人添堵，消停点能死吗。如果是你，看到这样的员工高兴吗？

这世上没有人喜欢被人否定，没有人喜欢被人打压，当你用这种消极态度应对的时候，对方会恼羞成怒甚至顾不上去想你是不是有道理。

也就是说，一句话里如果有否定对方的内容，哪怕这个内容只有 30%，但当你用不好的态度表达出来，这种否定会在他看来是 100% 的。

年轻人可不要犯这种错误，一旦别人想起来你，就觉得配合度不高，做事不积极，态度不和善，那么自己的发展之路会很容易被堵死的。

不是提倡大家去做冤大头，该你的不该你的事，一股脑都背在身上，搞得自己不堪重负。而是提倡凡事别那么快否定，也别那么快拒绝。

工作嘛，有事做才是对的。如果你手头的事都交给别人，自己闲的没事干，这不是什么好信号，即便位高权重，也是被架空准备走人吧。

首先，要确立正确的心态：我不能怕来活儿，来活儿是让我锻炼，而不是领导故意就想折磨我。

其次，要摆正自己的位置：我要想办法把这个事情处理妥当，体现出我的能力，并由此获得成就感。

最后，愿意多做一点，多承担一点，不断让同事和领导发现：你还可以做更多，有发展潜力。

每一次靠谱，都是你给自己来了个好评。

每一次负责，都是你给自己增加的勋章。

每一次复盘，都是你为自己争取的机会。

每一次拓展，都是你给自己打下的江山。

做服务业怕差评，做“职场马仔”也是一样。

你要想办法给自己增加好评率，用主动承担的心态，让资源嗅着味儿来找你，那就好办了。

珍惜羽毛，不要随随便便给自己写差评。

Lesson 24
60 分的推进胜过没有推进

我在帮公司做校招的时候观察到一个细节：在无领导小组讨论环节，很多学生因为观点的分歧造成了时间的拖延，太执着于细节以及说服对方，最终草草结束，没有取得最好的表现。

当时我说，无领导小组讨论的秘诀，不在于你做领导者还是做跟从者，不在于你要耍什么心眼，而在于大家目标明确地把讨论推进下去，即便有分歧，也要在规定时间内完成，尽量求和谐。

每场他们发表完全组观点，我都会再问问，有没有人持不同观点，为什么你是这么考虑的？又为什么你同意了让别人的观点代替了你的意见，作为你们团队的整体观点？

以上全部完成，这次集体面试才算完。为什么会有这种环节？主要是因为这就是你未来要面对的职场。

对一个项目，有人想做，有人不想，有人主动发起，有人被迫参与，各有各的诉求，各有各的立场，各有各的利益，如何在规定时间内决定：

1. 项目是做还是放弃？为什么？

2. 如果做，怎么执行？分工如何？

3. 如果放弃，有什么备选方案？

无论因为什么原因，被拉到这条船上，那就一定要打起精神，一方面考虑自己的角度：参与还是不参与，参与到什么程度；一方面从项目角度：我能做什么贡献，我想要什么收益。

在前期的可行性讨论中可以各抒己见，如果发现参与没意义，或者没利益，早点退出，不必纠结。

一旦讨论决定了，计划推行了，那就往下做。过程中尽量不要倾倒负面情绪，一切以推进为目的。

做事过程中遇到波折、困难也最正常不过，发现障碍，停下来分析怎么解决，不要互相推诿责怪。

很多没有智慧的人这时候就骂骂咧咧拍大腿撒泼了，逆商（面对逆境的处理能力）不够，只发泄情绪，不解决问题，非常不可取。

我现在很喜欢在工作上讲“柔性”，这个词来源于供应链的概念。

生产企业也好，贸易企业也好，哪怕是个人也好，供应链都是个很好的概念。在这个链条上，有上游生产，有下游渠道，有合作伙伴，有内部员工，有终端客户，这条虚拟链条上，各方要统筹利益，按统一节奏推进。

传统供应链里，为了尽可能不浪费，一次生产会有一定的数量限制，对于客户小批量、高频次的需求响应不及时，内部反馈也不太能跟上。但这显然不能适应现代社会的要求，因此供应链管理柔性在 1987 年应运而生，柔性是对需求做出反馈的能力，主要是缓冲、适应、和创新。

应用到工作和生活里，可以适配很多场景：

比如，很多人说，跟同事搞不好关系，不知道相处的度在哪里。和同事“搞好关系”其实是非常难的事情，这需要你做到以下几点：

1. 你知道对方的脾气秉性，并能适当迎合。

2. 你们有共同的利益，双方都在往前努力。

这世上没有跟你严丝合缝的人，更何况工作和利益关系，并非是大家靠同样的兴趣爱好聚拢在一起。

为了做事临时组的团队里，各有各的脾气秉性，各有各的利益诉求，互相不对付、有摩擦是最正常不过的事情，所以在推进项目的同时，要考虑如何把各种人凝聚在一起，至少不添堵。

你要去观察各类人的特点，有人适合捧，有人适合骂，有人适合激励，有人适合激将法，总之是尽量顺毛捋，让对方能放平情绪，大家不要因为处事方式和性格不同造成不必要的损耗。

水至清则无鱼，人至察则无徒，徒 = 伙伴，这个能理解吧?

我年轻的时候对人要求非常高，无论什么事情都要做到 90 分，有时候会搞到团队格外疲惫. 其实后来反过身看，并没有这个必要。

当你达标了，比如 70 分达标，那么做到 80 分还是 90 分，其实差别不是很大，如果事事追求 90 分，会损耗额外时间，也让团队更累。

那么就保持 10 分的柔性，面对 70 分达标的事，做到 80 就停，省下来时间做更多的事，或者哪怕大家休息会儿，玩耍一会儿，都行。

总之是用长跑的思路去面对项目，细水长流，稳步推进，不要只纠结细节。项目重要，有愿意精诚合作、彼此补台的伙伴更重要。

现代社会里，除了少数天赋异禀的，人和人的差异，除了掌握资源的多寡，基本就是思维和见识的差异了。

论身体，大部分人都是普通水平。论智力，能考上大学的是一个水准，考不上的是一个水准，同类中的个体差异就很小。那为什么大家的能力天差地别呢?

能力这东西，其实并不复杂，就是“在一定思维方式引导下，如何运营你的智力和资源”，可以说是个综合体。工作就很能锻炼人的思维方式，因为这属于社会竞争的部分，长久下来还能增强智慧。

我们一定要把思维打开，千万不可固步自封，我们的猎物在进化，环境在改变。每个人身上都有非常多的可借鉴之处，人要吸纳别人的能量，不断完善修饰自己。我们现在看到的，但凡情绪激昂，非黑即白的人，大部分都不会在工作上做出啥成绩。

因为工作需要你用正确的方式，不断优化狩猎技巧，前提就是不要太自信了，要放空。现代新东西那么多，可以说是每天不学习就不知道要下滑到哪里去了。

早早把自己的思维固定了，并对其他思维喊打喊杀，会限制自己发展。别人的言论，不要急着火冒三丈，听一听，实在不可取那就不交流了，没必要结梁子。要开放心态，要有胸怀，要训练自己和各种人都能合作，柔性比较好，能适配多种人。

总的来说，不要着眼于一时的得失，往下走才是最重要的事，60 分的推进也胜过原地踏步。

不断完善，不断迭代，这样才有可能日益精进，不要过早地吃老本，我们没在那个时代里面。

Lesson 25
你是否能团结一切可团结的力量

有不少人苦于工作上没有导师指点，茫茫然不知前路在哪里，其实从踏入社会开始，就不要有学生心态了。

除了必要的专业技能外，真想学习的话，处处都是机会，多看多听多模仿多琢磨，见贤思齐，多存着点心思，凡事想想怎么吸取教训。

别人不妨碍你其实已经很难得了，我们是人口大国，什么好东西、好职位不靠拼命抢的？现在这些成功的企业家有谁是被导师带起来的？

北大的研究数据显示，中国的民营企业平均寿命只有 3 年。可见环境之恶劣、竞争之激烈、存活之艰难啊，企业用人一定是用现在而不是先养着看潜力。

表现出良好的成长意愿和培养价值固然重要，最重要的是把每一项交办的工作都完美交付，体现出自己是个很用心很努力很在乎的马仔。

有什么事想着交给你不会出错，你就成功一半了，再次推荐大家读读《联盟》这本书，其中就提到了现代企业现代职场的的规则，无论上级下级平级，人人皆可为你背书。

说到什么工作适合这些原则，我认为在国内，人分两类：权贵、平民。

权贵的世界我一点都不懂，可能横竖都能敛财聚福吧。平民的工作就分两类：前台、后台。但又归结成一件事：销售。

前台卖的是货（即产品），后台卖的是人（即自己）。前台要学会让人认可你的产品，后台要努力让人满意你的活儿。

秘诀就两点：做好产品，做好自己。专业技能要好，为人处事舒服，多替他人思考，多交朋友多去开拓资源。

年轻人不可能有资源，只能靠卖命努力去干活，快速提升专业以赢得业务层面的尊重和依赖。这样即便情商低、不圆滑，也不影响吸引到资源。

现阶段大忽悠太多，能干事的不多。真能干的大家都盯着，口碑传起来朋友就自己来了。

还有很多女人总是困惑，女人的职业路径在哪？要我说，你老想自己是个女人干什么？现代社会又不是天天扛大包，男的女的差别并不大。

真实点说，差别在于对女人的要求更高、宽容更少、压力更大、社会环境更不友好，但你绝不能因为自己是女人降低要求，若想突围，那就要更讲“计谋”。

除了在考虑生理上有弱势，记得保护好自己的时候，其他时候你就不必考虑性别，只管埋头迎难而上吧。

没受过训练的人遇到困难会退缩，乐观的人反倒觉得这是机会来了。我本来找你沟通还没什么好由头，现在你对我有意见，有误会，那我正好约你出来沟通，事情解决了，朋友也交上了，不是很顺畅吗？

人越走就越要同僚支持。

食得咸鱼就抵得渴，坚持下去才有出路。

Lesson 26

做个职场中说话好听的人

有个小姑娘提问，说她刚加入公司，男同事总是说一些性别贬低言论，如“女孩子就是什么都不行，早点嫁人才是正经事，工作随便搞搞就行了”，她对此很愤慨，觉得自己被贴标签了，问我怎么办。

我说，鉴于你是初级员工，还没什么影响力，不必理会这种人，就不搭茬不搭理专心发展自己，以后把他开掉好了，因为嘴这么贱的人不会是高级职务，如果他是，说明该公司用人不善，学会了就早点跳槽吧。

有句古话叫“小鬼难缠”，职场上更是如此。

我在从业早期还问过老板，为什么客户高层都让人觉得很坦诚、单纯、直接，相处起来也如沐春风；为什么和底下办事员就很难产生这样的感觉，他们总是阴阳怪气为难人。

当时的老板说：人的职位和层级越高，越要有职业精神和个人魅力，他如果不真诚、不和善，很难靠人格魅力笼络他人。

我们平民爱说，“一个好汉三个帮”“在家靠父母，出门靠朋友”；《毛泽东文集》里强调要“团结一切可以团结的力量”。

现代社会里，没有人能单打独斗搞出一片天，合作共赢是每个人的职场必经之路。没有合伙人的创业公司资本都不爱投，觉得没有资源互补、均衡发展的能力。

说到合作，很多人会觉得要吃吃喝喝送送礼、溜须拍马，必须靠利益付出才能“搞好关系”，总之是要从服从性和利益两方面入手。

诚然，我们这样的人情社会，缺乏社会公开的信用体系，在过去很漫长的时间里，都需要靠亲朋好友作为你的信用背书，大家为了做事，就不得不维持关系，很多时候也确实靠的是强行忍耐。

在现代社会，在除了一线城市之外的地方，你想要按照正常流程办些事，也要“找人、递话”，大至招生就业，小到买张火车票，在经济越不发达的地区，这种现象就越严重。

动辄需要找人，就给权力寻租带来了空间，整个链条上的所有人都吃卡拿要、雁过拔毛，拼命刷存在感，以此要求超额利益，所以“小鬼难缠”。

这都说的是对外，对内其实也是一样。

职级越低的人，处理的工作越简单，需要协调的资源越少，因此可以随心所欲地“做自己”爱咋咋地。换句话说，就是没什么可失去的，因此也就不太珍惜。

而做一个团队领导者，对上要争取更多资源，对同僚要尽量合作共赢，对下属要哄好他们干活，眼睛还得时常看着外面，要树立口碑以便有更好的机会时可以一举拿下。

一个职场中年人可以说是腹背受敌，这些上中下的关系，哪个都不好应对，需要发挥智慧。

尤其是现在 90 后成为职场主力，这些年轻人没有我们 80 后身上那种苦大仇深的可怜劲，一言不合就给你难堪，需要你有更多的宽容度和弹性。

所以你们会观察到，有本事的领导都是有沟通技巧的，即便他是技术出身。

也许他性子直、脾气大、待人苛刻，但这都是个人的性格特点，除此之外，他得是一个合作性强的人，需要听得进别人的有效意见，能够获得多方面的支持，有带团队和笼络团队的能力。

对于很多职业经理人来说，想要做到这一点，首先要说话好听，不是指听觉层面的悦耳，而是容易被他人接纳，无论是好话还是坏话。

有个小 tip：做什么事能让别人迅速快乐起来？答案是：夸他。

职场中要嘴甜，级别低的多用敬称，俗话讲“伸手不打笑脸人”，充分发挥滚刀肉精神，学会热情地向他人靠拢。

级别高的要经常夸奖他人，对他人的付出表达感谢，对他人取得的成绩及时予以认可和祝贺，想要批评和拒绝时多用缓和性的表达，不要激怒对方刺激对方。

出来做事，都是打工仔，能不结仇还是不要结仇，以解决问题为目的，而不是发泄情绪。

也许有些人工作能力不达标或者犯错拖累团队，让这样的人进入团队自己也是有责任的。

出现问题还是应该着眼于分拆、解析问题，找到症结所在并尽快处理，抱怨、责骂、甩锅都是非常不成熟的，很难让自己未来走得更稳。

我经常讲的观点是，“人生要看长线”，以及“眼下的操作不要对以后造成负面影响”。

职场中你的每一次任性、幼稚、随便做自己、随便发泄情绪，都是在给自己的以后埋雷。

这世界很小，你感觉不搭嘎的人会以你无法想象的方式认识，套用区块链上的一个概念：我们每个人都是在链上，每一个操作都有记录，不想让自己无路可走就要早点广结善缘。

更何况，打工赚钱而已，有多少深仇大恨？

今天是同事，明天散落在天涯，未来的某个时点，搞不好又相遇了呢！

珍惜自己的口碑，从做一个 nice 的人开始。

Lesson 27
造个好人设　成功一大半

大家在娱乐生活中经常会看到各类明星造人设，粉丝还要各种花钱打榜，帮爱豆去强化人设。

举个例子吧，例如在真人秀节目《跑男》中，老邓头（邓超）相当于大家长的角色：阅历深、资历老、碎嘴子；大黑牛（李晨）相当于老大哥角色：力气大、战斗力强、能打；陈赫专门负责搞怪，鹿晗负责傻乎乎，郑恺一度和 Angelababy 组 cp[1]，打造一个帮助女孩的小暖男形象。

大家按照这个剧本不断强化演出，直到这些特点被围观群众牢牢记住。很多明星甚至无论在什么节目、演出、作品中都在强

1. 网络用语，cp 即英文 couple 的缩写，大意指“情侣”“组合”。

化同一个人设，以至于当出现和人设不符的情况时被人说“人设崩塌了”。

可谓是成也人设，败也人设。好的人设让你个性鲜明，容易出挑，但若一旦不注意规范自己，不能前后一致，不能自圆其说，当人设崩塌时对你的伤害也会更大一些。

人基于自然属性和社会属性，有很多角色，有些角色甚至还有自相矛盾的地方，需要你及时调整，切换频道。

比如在自然属性中，你是爸爸妈妈的乖女儿，他们可能希望你活泼伶俐，时不时撒个娇；在你的社会属性中，你是项目成员，应该表现出沉稳持重、有责任心、谨言慎行，那么这就造成冲突了，若是处理不好角色切换，可能犯错误。

那么，明星造人设的思路可以借鉴在工作场合中。你要把自己当作一个 IP 去打造，有意识地策划并实施你的职场形象塑造，从而形成和其他人的区分，更好地凸显自己的成绩。

可以有以下几个操作路径：

1. 什么样的职场形象是好的?

你们去观察一下真实的职场，大家的形象是各有特色的：

有人寡言少语但是心思缜密，有人大大咧咧呼朋引伴；有人擅长搞技术工作，逻辑严密，有人长于人际关系，令人如沐春风；有人快言快语直爽坦诚，有人和风细雨含蓄婉转……

可以说没有统一的形式，也很难说哪种模式强于另一种。只要是能促成合作、具备一定的职业道德标准、出品是严要求高质量的，就是好的表现形式。所谓的“无论黑猫白猫，抓住老鼠就好猫”。

在这种情况下，你有很大的自由度去设想你要塑造一个什么样的职业形象，最好是丰满的、立体的，能够和你自己的个性有所贴合，又能适配你所在场合的。

2. 如何选择适合我的职业形象?

要搞清楚这个问题，得从个人特点、职业阶段、职业目标、所在组织的特点这四方面去综合考量。

（一）个人特点

首先你要明确自己是什么样的人，比如是更愿意和事情打交道，还是和人沟通？性格上偏内向，还是偏外向？属于逻辑严密型，还是天马行空型？什么样的环境会让你更舒服，是井井有条的，还是自由宽松的？

你的人设不能偏离你的“本我”太远，否则一是塑造起来很困难，总要违背天性去“扮演”你想要的角色；二是可能由于实在不熟练使得漏洞百出，当你出了什么纰漏时，会造成大麻烦。

（二）职业阶段

你可以把职业阶段分成3个：初学者（工作3年以内）、带项目的主管（工作3–8年）、带团队的领导者（工作8年以上）。每个阶段有不同的塑造重点：

初学者阶段：最重要的是要体现出良好的学习能力和成长潜力，有开拓精神、不怕苦不怕累，有热情参与的态度，对于工作任务不推辞、不逃避、积极承担。

带项目的主管：此时除了个人依旧要保持成长潜力之外，你要开始对项目结果负责了，因此要侧重于打造自己的专业形象，能够起到项目带头人的作用，识人善任，能够团结同事，调动他人的积极性，奖惩分明。

带团队的领导：这是要比带项目要更高的阶段，除了对事情的把握之外，你的重点要放在领导力上，你要能够激励团队不断向前，凝聚成一股力量，打造一个强有力的战斗团队。

3. 职业目标。

也许你目前还只是团队中的小兵，但造人设，造的是“梦”，而非体现你现有的状态，你应该比现阶段更前进两步。

举个例子：你现在是初学者状态，那么除了把本身该具备的特点充分表现出来，你还要让别人看见，你是具备向前一步的能力的，你要造的人设就是“项目主管预备役”。

那么除了做好你的本职工作，你要去关注一个项目的方方面面，能去团结项目内外部的同事，有积极推进的意识，若哪个环节出现了纰漏你能快速补台，而不是只扫自己门前雪。

当你以此人设进行自我要求时，你和其他小兵就不一样了，长此以往，很容易被人慧眼识珠，快速提拔起来。

4. 所在组织。

你的职业人设不能和所在组织的风格所违背，必须在协调一致的范围内去打造，否则很容易给自己造成灾难。

比如若你所在的是体制内，这种类型的组织特点是非常重视等级序列，不能“以下犯上”，每个人做事都要考虑自己的职级，考虑规矩。那么你的人设就不能是大大咧咧呼朋引伴大哥大的那种，会让人感到轻浮，不能成事。

若你所在的是互联网公司，崇尚扁平化管理，老板和你一样穿T恤牛仔裤，加班狠了就拉开折叠床睡在单位。那么你的人设就不能是谨小慎微规规矩矩那种，会让人感觉到和组织格格不入，没法拿你当自己人。

综上所述，人设是要符合环境、符合阶段、符合你的个人特点的，你可以适时调整，但不能随便定义，还是要看明白、想清楚之后再定义。

那么，一个职场人该从哪些方面去打造人设？为了造好人设，你要由内而外地规范自己：

1. 外在形象。

从你的穿衣打扮、服饰鞋帽、箱包首饰等方方面面去营造一个和你的人设相符的外表。

比如你的人设是“热情洋溢的职场新人”，那么你可以用相对可爱的妆容、比较年轻活泼的商务休闲衬衫、带有少女感的A字裙等去塑造。

比如你的人设是“专业职场人士”，那么你穿的更多的应该是浅色尖领衬衫、深色西装外套、尖头鞋、简约大方的包，颜色上以纯色为主。

2. 言行举止。

注意规范你的发音、语言表达习惯、说话的语气语调，要让它们能为你服务，而不是和人设相悖。

举例：如果你要打造的是专业主管形象，那若是你语调高语速快，听起来又是娃娃音，那么给人的专业感要大打折扣的。

其实发音是可以训练的，我们不求像播音员那么字正腔圆铿锵有力，至少不能给你的职业状态带来干扰。

一般来说，领导岗位最好是语速稍慢、声音洪亮、发音标准、语言文明，不要有粗口，各种口头禅也尽可能地少。

3. 作业规范。

无论是什么样的人设，在职场保持高标准的作业水准都是非常重要的。

除了保留一些个人特色，作业质量都要尽可能地高，最好成为你所在组织的标杆和榜样。只有这样，你的人设才能够更被人发现、被人识别，被人记住。

除了作业本身，你的呈现方式上也可以留有个人特色，比如你用自己特定的模板、形成独有的汇报形式、你的工作邮件呈现较为明晰的个人风格等，你可以从很多细节着手，把自己的人设风格发扬光大。

总之，一个好的人设，最好既像你的现在，又像你的未来。你和人设要惺惺相惜浑然一体，你们互相塑造、彼此成就、内外一致。

而当你在创造这个人设的过程中，你的职业表现将会被更多人识别出来，在流量为王的年代里，能够抓住别人的眼球是多么有价值又重要的一件事啊！可谓是人设搭好了，你就成功一大半了。

Lesson 28

尊重你的作品 你就是你的作品

章子怡因综艺《演员的诞生》又获得了不少热度，已经有无数的公众号研究她如何穿衣、怎么戴首饰、口红色号，并回顾其经典作品等。

也有无数人盛赞她认真，刻苦，“没有对比就没有伤害”，宛如照妖镜一样让那些抠图大师原形毕露。

这样真的蛮好的，一直以来我们太容易被“认真你就输了”这句话恶心到，仿佛刻苦是件丢人的事情，也不敢表现出对结果很在乎，对进程很苛刻。哪怕心里都恨出血丝了，还得装作“没关系没关系”，否则就是“不宽容”“不大气”。

前两天有人说，女人要懂得示弱，无论是在工作上还是家庭中。

我对此坚决反对，我认为工作中就是要激流勇进绝不能怂，机会转瞬即逝，你不咬牙坚持，不在关键节点攻克堡垒，太心疼自己，或者太想维持好人缘往后退缩，会丧失掉上升窗口打开的那一瞬的机会。

并且我表示，不喜欢看到有人哭哭啼啼耍娇气，娇气一次，反省去；多次娇气，是不是该腾地方了？

为此我遭到了一群自称“女权者”的痛骂，说我“欺负弱者”“对弱者没有一丝怜悯之心”“社达分子”。

我觉得这简直就是胡搅蛮缠，把权利范围和竞争范围混为一谈，坏心眼的人有意为之倒也能理解，若是逻辑错误，实属不应该。

残疾人是弱者，小孩是弱者，老人也是弱者，但工作不达标的人是弱者吗？不是，这是竞争范畴。

你有受教育的权利，如果没有，这叫性别歧视；当你受了教育，考不上清华，这叫技不如人，不是清华歧视弱者。

你有买房置产的权利，若没有，这叫性别歧视；当你有这个权利，但是买不起，这叫钱不够，不是房企歧视弱者。

你不应该在清华门口举牌子，要求录取只能考 200 分的人；同理也不应该去砸售楼处，让他们打个一折便宜给你。

让市场的归市场，竞争的时候肝脑涂地去拼，我们普通人，只有普通爹妈，想封疆封侯都要靠实打实的功劳去换。

正如章子怡说的，“你要有信念感”“你相信你的角色吗”“你能让别人相信你的角色吗”“你琢磨过吗”……

我很喜欢给小孩们说一句话，“要尊重你的作品，你就是你的作品”。

听起来好像不知道在说什么，实际上，从迈入工作的那一刻，你就要拿出工作的状态了，言行举止都叫作品，大到做个报告，小至写条微信，你处处在展示自己，“我是个什么样的人，我有什么样的做派，我是否值得信赖”。

由于工作性质的原因，我的部门要经常和同行交流访谈，也有不少外来的企业和机构参观座谈，主要由我们来主持会议。

前两天给部门的小朋友开会，这是一批毕业半年的孩子，大多是初出茅庐的 95 后。这一代孩子有明显的好处就是很扁平化，不畏惧，思维比较开阔，没有那么多条条框框。不像是 10 年前我毕业的时候，还要抢着给领导泡茶，闲了陪领导搓麻，实际上造成很大的心理压力和反感情绪，工作没几年人都抑郁了，最后辞职了事。

但也许是因为他们社会化程度还有待加深，工作起来，比较“做自己”，会有点忘掉职业身份，处事不成熟。

我给小孩们提了三个问题：

1. 你们每一次接待也好，外出也好，是否提前做过准备？

比如对方想了解什么，对方主要是哪里的人，什么级别，什么背景，什么需求。

2. 每一次对外沟通，你自己是否有长进？

无论是对公司的情况更熟知了，还是把来宾的信息都接收了，还是解决了对方的问题，达成了合作。

3. 在这个过程中，人脉拓展了吗？主动去交过朋友吗？

来了 100 个嘉宾，加了微信的有多少？后续联系的有多少？了解对方在做什么的又有多少？

她们一脸茫然。

这就是“做自己”，而不是做个“职场人”，这也是社会化进程中必须改掉的毛病，这叫“不敬业”“没有信念感”。

你要说，“多大点事儿啊，有这么严重吗！”

作为职场新人，学习，并且在工作中提升业务能力是你的天职，也是你的义务。你有多少学习渠道？你的部门同事，向你的合作伙伴，向你一切能联系的人，大概也就是这些。

如果一项工作是你必须完成的，横竖也逃不掉，为什么不思考如何优化路径，如何让自己在苦役中提升？

身为年轻人，你几乎没有和大牛[1]直接对话的机会和能力，那么就是点滴积累，抓住对外沟通的机会，不是每个人都要去交往，但从中筛出可能对你有帮助的人，可能拓宽你路子的人，不是坏事吧？

我们从帮助他人、服务他人的角度入手，慢慢刷个脸熟，在这个过程中，不断地表现出自己的勤奋、诚恳、可靠，并且通过

---

1. 网络用语，指在某个领域很突出的优秀人物，词语与“牛人”同义，也指极少数能力超过常人的人”或“在某个领域非常有影响力的人”。

每一次合作去强化印象，那么路自然越走越宽，这叫自建口碑，换个你们熟悉的名词，叫“塑造人设”。

通往中年的路其实是越走越窄的，因为越在某个领域深钻，就意味着宽度越窄、适配性越差。

前两天有个35岁未婚未育的女士问我，是在大公司做稳妥中层，还是去一个创业公司做老大，薪资待遇没差多少。

在我问了她的新领域之后，发现是个窄众市场，空间不大，我就建议她算了，不是人到中年要求稳，而是下棋要看三步以外。

你的每一个决策，都不能拖累下一个决策，创业不怕失败，失败是大概率，但怕失败后没有落脚点，这就很让人头痛焦虑了。

就像北极熊一样，你在漂浮的冰块上跳跃，跳出了这一步，要想着下一步，可别一脚迈出去没后续，我们中年人就玩不起了。

为了避免这种麻烦，你要开始观察身边的冰块了，你能聚拢越多的人脉，就能提前给自己的漂浮做好准备。

要时刻记得：你就是你的作品，你就是你的口碑。

Lesson 29

工作 10 年才知道　什么叫正确的沟通

有一个职场新人曾经向我咨询一个关于沟通的问题，她是程序员。

她说，观察到一些老同事，技术能力很强，干活又快又好，但平时很少与人直接交流，也不爱和其他人多走动。有些同事技术能力一般，但热情外向，经常和别人聊天，各部门的人都认识。领导就更喜欢那些爱聊天的人，机会也是多给他们了，她觉得很不解，难道不应该专业优先吗。

我也是工作了 10 年才吃透这个道理：职场上会干活的人多，会沟通的人少，沟通是稀缺资源。而且一个好汉三个帮，只能干活不能结盟的人并不能算是优秀。

既然沟通如此重要，什么才叫好的沟通方式，又如何做到呢？大家可以从以下几方面入手：

1. 正确认识沟通的重要性。

首先你要能正视沟通的重要性，不要逃避。

在职场中，分工已经高度细化了，每个人都有一堆关系要处理：上司、下属、同事、合作伙伴、供应商以及其他部门的各层级领导和同事，有一些偏营销的岗位还有众多的外部客户及渠道关系要协调。

所以人做事的能力与合作的能力同等重要，在能做事的前提之下，你还要能够跟这么多关系和谐相处，这样才能把项目顺利地推进下去。而不是处处结怨，让任务变得困难重重。

人要两条腿走路：一条做事，一条沟通，两边都得迈步子，人才能不断前进，否则就歪歪扭扭走不了多久。

对于不同的岗位，这两条腿的比重不同：偏对外营销的岗，可能专业能力占30%，沟通能力占到了70%；做产品和运营的岗，由于要协调的方方面面比较多，可能专业占50%，沟通占50%；偏技术的岗重点是解决问题，那么可能专业占80%，沟通占20%。但总归各个岗位都是少不了对沟通能力的考核的，这已经是现在的大趋势了，千万不要逆势而行。

两条腿走路的人，只要两边都能拿到中等偏上水平，那么总分加起来就很可观了。如果一意孤行，只顾着发展一端，另一端放任自己的脾气秉性随缘不折腾，那么这就是单科表现突出，但有严重偏科的人，可能总分还要低一些呢。

当大家从员工逐步迈向管理岗位的时候，两边均衡发展是非常重要的考核项目。当你越做到高层，对你的沟通能力要求就会越高，因为你的主要只能不再是把事做好，而是把队伍搭好，鼓舞着大家求同存异，共同发展。

可以很明确地说，如果你想在职场中不断进步，就必须着眼于用心改造和优化自己的沟通能力，不断进步。

2. 辨别什么是好的沟通方式。

有些人搞不清楚什么叫沟通，把那种油嘴滑舌、巧舌如簧、吹得天花乱坠的人当作是“沟通能力好”，那就大错特错了。

沟通的重要性在于把事情说明白、把意识统一了、把对方心结打开了、让对方能够放下芥蒂，跟你统一战线，并肩作战。而不是简简单单说点漂亮话，哄着别人开心，那就是把沟通想得太狭隘了。

沟通最重要的点有三个：

1. 准确、简洁、清晰地描述事物的能力。

2. 了解受众，并能够选择对方容易理解的方式。

3. 能够统一价值观，让对方愿意信任你理解你。

一个会沟通的人，他的专业能力一定不差，否则他是无法用准确的语言和逻辑去描述清楚事情本身的。大家到职场来都是为了做事，为了赚钱，为了长本事，不是为了找人聊天开心，如果不能以事情、以项目作为沟通的主要内容，那其实是本末倒置了。

一些能够快速拉近双方距离的“术”固然重要，但若不理解沟通的“道”，那会像鹦鹉学舌一样，只能把漂亮话翻来覆去地说，无法形成自己的创造性和说服力。

3. 如何锻炼自己的沟通能力。

既然我们知道了沟通非常重要，又定义了什么叫好的沟通，那就从好沟通需要的三个要素中一一改进，逐个击破：

（一）准确、简洁、清晰地描述事物的能力

想要能够准确描述事物，不了解它是做不到的，所以好沟通的核心要素是你要具备专业能力，自己首先要打好基础，才说得上怎么讲给别人听。

假设你是个销售员，那你最先做的应该先是熟悉自己公司的产品，比如型号、版本、各项功能、使用要求、能满足顾客的什么需求、顾客使用过程中可能会出现哪些问题又该如何解决这些问题。

以上是销售的基本功，你要想晋级，还要研究更多：本公司的产品在市场上有什么样的竞争对手，我们各自有什么优势劣势，同等配置产品的价格如何，竞品那里有什么样的营销方式，我们各自适配的用户是怎么样的？

当你把以上功课都做完了，再用你的热情和诚恳去打动顾客，给他们推荐最适合的产品，怎么会不成功呢？

（二）了解受众，并能够选择对方容易理解的方式

每一次沟通之前，都先要问问自己：我要跟谁沟通，他有什

么特点，他可能想听什么，我的沟通目的是什么?

很多人沟通不得要领就是因为没有提前想明白这些问题，只会一招鲜走遍天下，不懂得根据受众的不同采取不同的表达方式，也没有充分照顾到受众的感受，因此效果平平。

举例来说：如果你今天要去跟你的直属领导汇报工作，目的是让他了解你的进展，并在某些环节上要求得他的帮助。

你的直属领导和你是利益共同体，可以说你们一荣俱荣一损俱损，项目若出了问题他也要负责任，因此他们一般都是结果 + 过程管理，即：既重视项目的成果，又很关注实施过程是否有纰漏。

那么你的沟通应该更详实仔细一些，不能是报喜不报忧、说大话、说空话的方式，而是应该公正、客观地还原事实，把过程描述清楚，遇到了什么问题也不要羞于启齿，你要摊开说，取得他的帮助。

假如说你要代表你的部门，去向领导的领导汇报具体工作，那么方式就不一样了。你此刻的目的首先是代表着部门，其次要说的是集体取得的成绩，再者要简明扼要，不要啰里啰唆，讲一堆细节。

用一句不恰当的话来说这就是“见人说人话，见鬼说鬼话”，意思就是你要用对方熟悉的语言体系，用他能理解和接受的方式，而不是自说自话。

尤其当你作为专业人士，你的工作涉及到一些专业领域，有很强的技术壁垒，你要学着把复杂的事情翻译成受众能够理解的话，而不是为了秉承你的专业性，不考虑对方的接受能力，讲太多术语。

如若对方不能理解你讲的内容，这就是一次很失败的沟通。

（三）能够统一价值观，让对方愿意信任你理解你

一次好的沟通不仅是针对事情的，更主要是针对价值观认同的。你要把这层意思放在自己的沟通中：我不仅需要你明白，我还想获得你的支持。

我提倡经常去和同事交朋友，但这种朋友不等同于你的闺蜜，你们天马行空什么话都敢说。

工作中的朋友，准确来讲叫“盟友”，你们是基于共同利益、共同目标而聚拢在一起的，是以合作为关系纽带的。而且你们这种盟友关系并不只限于在同一个组织内，这是跨组织的，甚至是跨公司的。

你可以和这些盟友经常聊聊天、聚聚会，这是了解彼此价值观的好机会。有句话叫“以古观今”，一个人的言行举止和思维方式通常是不会发生巨变的，你可以从他的过往经历中判断这大概会是什么样的人。

你们越能对彼此的过往了解，就越能预判对方会做出什么样的行为，这些行为是会给你带来收益，还是让你损害，都可以心里有数。

而当你们越了解彼此，你们的沟通就会更通畅也更容易走

心。大家在这样的氛围里合作，除了能够把事情顺利推进之外，更重要的是也找到了精神上的满足感和获得感，这是工作能带给你的财富。

总而言之，建议大家从今天开始，好好思考沟通对你来说有多重要，说话办事之前先明确目标，对你的受众做大致了解，采取他容易接受的方式，如有机会，甚至可以和他做朋友，携手并进走得更远。

我们就是在这样一次次的思考和自我规范中才能越来越游刃有余：既能圆满地达成目标，又能帮助那些还没有明白的职场新人，培养他们成为我们的后备力量。好的沟通，是能让所有人共赢的。

Chapter 4

无论工作还是生活
拎得清最重要

Lesson 30

任何麻烦一招鲜：项目思维战胜一切

除了工作，我偶尔也会探讨养育子女相关的问题，有些人不高兴了，说，你一个职场博主，不务正业，又没孩子，你管人家孩子怎么样呢，还是多说说工作的问题！

其实在我看来，工作和生活，就是一回事情，没有什么区别，人生的一切麻烦都可以用柳传志说的 9 字方针来应对："定战略、搭班子、带团队"。

转化成项目思维，就是人、财、事，三者如何协调，再往大了说，是若干个项目并行的时候，你在每个项目中是什么角色，唱什么戏，出什么活儿，进程到哪了心里都得有数，相当于自己有个项目管理大表格，整理你的人生。

如果需要解释一下的话，我们可以把一个项目从立项到结案分为以下几个关键部分：

1. 立项

立项最关键的是确立目标，在做之前就搞清楚“我要做什么样的事”这个非常关键，也许你并不能清晰地描绘出场景，但一定要有个方向，这也是人们很爱说的“不忘初心 方得始终”，这也是9字方针中的“定战略”的一部分。

2. 盘整资源

明确了要往哪走，那就开始看手头的团队、资金、资源、能力目前在什么阶段，查漏补缺，调动各方面的积极性，团结一切可以团结的力量，大家抖擞精神，准备开工，即“搭班子”。

这就是为什么几乎每个公司年底都有联欢会，年初都有动员会，就是阶段性树立目标、回顾目标，奖罚并举，重新盘整资源，把一个漫长的项目分段处理，提升团队的凝聚力。

3. 执行规划

了解清楚要做什么，看明白手头有什么，那接下来就该分解任务，设立阶段性的行动指南，把一个项目需要的资金、资源、人手，要处理的事情都按阶段划分好，配置好，即“带团队”。

明确哪个阶段该引入外来的和尚，哪个阶段要提前把粮草补齐，同时也要考虑项目如有风险，是否有备选方案，如何推进。

4. 过程管理

在项目进程中，反复和目标及规划对照，如有不良情况及时干预处理，避免危机扩大。

如遇外部环境变化，那就需要及时调整方向和策略，以便因时而变，因势而变，因地制宜。

5. 复盘总结

一个项目如果长达数年，要定期回顾，可以用年度为单位及时复盘，就像我们最喜欢说的“新的一年新的计划”，实际上回顾的时候大概率是啪啪打脸的，但不要紧，应该定期总结，为了更好执行。

6. 项目结案

当项目最终结束的时候，归档封存，盘查投资收益，对主要团队奖罚分明，以便再次合作或者江湖再会。

什么事情都可以用这样的思路处理，无论大小。在某些情况下其实你已经用起来了，只是没有意识到而已，当你有意识地去管理自己每一次操作的时候，就会发现，人生的路走起来都是很清楚的，也都可以用表格管理。

我的读者年龄各异，但对于学习大家都不陌生，我就拿读高中来举例子。

这是一个为期三年的项目，学校已经帮你划分好了 6 个学期，即 6 个阶段，最终有一次明确的考试，你可以树立目标为：考上 XX 大学。

这是一个模糊目标，首先你要去解析目标，“考上 XX 大学”意味着什么？你会发现，这个目标对应的是一个分数，假设是 600 分吧。

假设你的考试是标准卷，语数外3门，各150分；综合1门，300分，总分750分；还可以有附加分：优秀学生、奥数奖、特长生等等。

你再分析下所处的环境，即学校水准。按照过去3年目标学校的招生情况，假定你发现你所在学校的学子，需要考进年级top20才能上，那么好了，你的目标解析完成了：保持在年级top20，最终考600分。

接下来是盘整资源，观察自己几个月，是否跟得上现有的目标，如果既定课程内达不到目标，是否需要额外补课，大概会花掉多少钱，多少时间，补几门课。

你们读书的时候，财务方面是家长处理的，你也许并不清楚细节，但你也得大概知道，学费几何、生活费几何、补课费几何，要什么样的人补课等等。

更为重要的是执行、管理效果和及时总结。读书的节奏是比较明确的，可以按部就班，小测、月评、期中考、期末考、升学考，你在这些阶段性的考核中一次次看清自己的位置，和top20的目标做对照：距离多远、问题出在哪里、如何改进、是否追加投入等。

当然也有可能，你会发现自己目标定低了，能力超出了，你可以考到更好的，那么就重新评估、调整目标。

最后，一个三年期的大考用来验证你对这个项目的投入几何，产出几何，结案封存。

你会说，高中孩子才十几岁，能懂这些吗？

当事人也许是不懂的，但高明的老师，聪明的家长，就是用这套方法在管理孩子，提拔孩子，把他送上更好的平台。

那些没有用项目思维做事，也没有高人指点的孩子，那就是脚踩西瓜皮，滑到哪里纯粹看运气。

当我们是孩子的时候不具备项目思维，但当我们开始造孩子的时候，务必要用这个方法。

1. 先确立一个小目标：我要养出什么样的孩子，它是高大型的吗，聪明吗，漂亮吗，我想它成为什么样的人？

2. 找到合作方：合作生娃者，你要明确自己的要求，按图索骥，不要随便调低期待，会影响项目质量。

3. 准备好资金：来自自己、配偶、自己家庭或者配偶家庭。

4. 准备好团队：双方父母、月嫂保姆、家庭教师、学校等。

5. 开始筹备：锻炼身体、注意营养、努力打炮，并提前学习育儿知识，找到合适的育儿理论并效仿之。

6. 项目测试：到医院建档，定期产检，做好生产的准备，期间注意营养、注意休息，调整好自身状态。

7. 产品上线：娃出来了。

8. 产品成长：育儿过程，这个过程非常漫长，不像是读书还有明确的阶段，你要自己划分阶段，匹配好精力体力和资源，打持久战。

9.bug 修复：娃病了、养出坏毛病了、闯祸了、合作方不给力了、初始团队出走、没钱了、自己精力跟不上了、环境发生变化了等。

10. 产品遭到攻击：娃开始参与社会竞争了、生存环境恶劣了、娃学业不佳升学不利、社会治安混乱、创始人或者核心团队遭遇意外。

11. 产品稳定：娃读大学了，创始团队可以松一口气，已经完成了基础工作，产品不至于轻易夭折了，但依然要注意观察项目的产出。

12. 产品遭遇再次攻击：娃学业有问题毕不了业、找不到工作或状况不佳、作奸犯科了、遭遇风险了，产品不好会连累你，你得当心。

13. 产品成熟，引入新的合作团队：娃恋爱了、组建家庭，创始团队就要学会控制自己，俗称退位了。

14. 加大投入：若新的合作团队需要，你可能还得购置资产、适度扶持孙子 / 孙女，再次进入产品优化阶段。

15. 项目完结：产品蒸蒸日上、自行运转，创始团队终于可以退休，颐养天年了。

你用这个思路养孩，至少路径是清晰的。困难也是可以预料到的，凡事想明白了就不至于太慌乱，无非就是兵来将挡水来土掩，搭什么台就唱什么戏，扮演好自己的角色。

你是个管理者，不要事必躬亲，事实上，你一个人搞不定，这个流程太长了，项目也太复杂了。

自己要想清楚关键节点和执行标准，找到合适的人来执行，并及时督查，学会团结好一切可以团结的力量，把不靠谱的团队成员清除出队伍。

学会激励，学会谈判，准备好 Plan B，做好风险防范和处理危机的准备。当你再回过头去看，一切都是“定战略、搭班子、带团队”。

但是纸上得来终觉浅，这种思维能力不是一天两天就具备了的，你得长期有意识地训练自己，从日常生活中，存了心去锻炼，通过每一件经手的工作练出金刚钻来。

这就是我反复强调的，人一定要具备社会化的能力后，再挑战结婚生育这种高难度项目。

我自己定义的“社会化”，有几个关键考核指标，大家自行对照做个参考：

1. 从时间上，大部分人的社会化将在踏入职场后的 3 年基本具备，有些人成熟得晚，可能要 5 年，那么就是你 22 岁本科毕业，25–28 考虑婚育，这和一线城市初婚年龄约为 28 岁的现状也是吻合的；

2. 从程度上，你理解了社会运行的规则，并且掌握了一些放之四海而皆准的适应方法，比如：真诚友善、认真勤勉、调节自己、抓住机会；

不要觉得这有什么难度，年轻人最容易的是妄自尊大，觉得谁都对不起你，领导不带你，同事不帮你，其实是没有明白自己的位置和相应的规则，离建功立业那更是差着十万八千里，要接受社会的锤炼。

3. 从结果上，你从单打独斗的小马仔，成长为带一个小组的 leader（领导者），为一个项目负责，哪怕只是带几个实习生，也算是社会化。

带人是个很重要的事情，你在带人的过程中，又可以自己复盘，还能观察自己的言行是否对项目有推动性，是否具备领导力。

你得带领组织进步，要克服困难、解决麻烦、帮助团队成员取得更好表现，这就是过好家庭生活的关键点：你要具备领导力。

人的一切麻烦，都来自于做之前太乐观，做的时候太茫然，做完之后不长记性，所有的道理都是相通的。

把这个过程提前想明白，做好准备，人生就这么一次，学不会从错误中成长，就不可能过一个漂亮的人生。

Lesson 31
你会送礼吗

作为一个礼仪之邦，一年到头节日不断，日常的生辰、婚丧嫁娶、端午中秋春节这都是大事，在跟朋友吃吃喝喝的同时，在职场的你，会准确送礼吗？

首先要明确，送礼不是必须的，只做好本分的事并不会影响你的职业发展，别给自己太大压力，但某些时候精准地送礼这是快速进阶的技巧。送礼要首先明确以下几项：

1. 谁应该送礼？

在企业里建议做业务一线的同学要学会给客户送礼，比如销售、市场营销、商务 BD 等，这是做关系的一种工具

在公务员、事业编制里，建议想往上动一动的同学，定期到上级领导面前刷刷存在感，只是混日子，或者自身关系很硬的那

就不必折腾了

以上两类是建议送礼的，其他岗位的，可以根据自身情况选择

2. 要给谁送礼？

送礼在我们的文化里有几类含义：

表达你的友善，通常是给同僚、同事、同学、伙伴。

表达你的感激，通常是给师长、前辈、领导、贵人。

表达你的诚挚，通常是给客户、合作伙伴、重要的供应商。

表达你的期待，尤其是在有求于对方之时。

表达你的祝福或者宽慰，比如在对方的婚丧嫁娶之时。

有以上情感抒发的需求时，建议可以适当送礼。

3. 什么才叫恰当的礼物？

好的礼物应该是让送礼者和受礼者都如沐春风的：既不会没有用处，也不会负担过重，能够准确地承载情感，无论价格还是品味又能让双方都满意。

要做到这一点其实非常困难，需要你们彼此间有一定的了解，能把准对方的脉，同时又能考虑到双方的诉求，不至于让任何一方超出能力太过为难。

不是每次送礼都能送出去的，当关系不到位，或者喜好没有把握准，礼物被退回来是大概率事件。想必大家都看见过扔在垃圾桶里的整捧玫瑰吧，不恰当的送礼和这个事件类似：送礼者寄予了太高的厚望，使得受礼者难堪，甚至觉得不堪重负，只能一

退了之。

明确了以上几点原则之后，接下来就是怎么送的干货了：

1. 什么时间该送？

针对日常情感维护，除了端午、中秋、春节这 3 个中国人非常重视的节日，还可以选择跟个人特质相关的（如对方的生日、结婚日）、职业相关的节日（如教师节、建军节、记者节、护士节等）。

若是女性，可以选择妇女节。

若是跟对方关系较为熟悉，可以选择对方的特殊纪念日，如毕业日、升职日、家里小孩的出生日、满月日、周岁日、家里老人的生日等。

若是有求人办事的目的，可以不选择专门的时间，在拜访时赠送即可。

2. 什么类型的礼品比较适合？

礼物除了红包之外，一般可以分为以下几种类型：

土特产：时令鲜花水果、吃食（粽子、月饼类）、五谷杂粮、坚果礼包、大闸蟹、海鲜礼包等等。

通用礼品：烟、酒、茶叶。

个人特色：丝巾、护肤品、保健品、日常家电（吹风机、扫地机器人、烤箱、电炉之类的）、奢侈品（服装箱包、首饰等）。

对于每种类型的人要怎么送才合理：

1. 对亲朋好友

略表心意，以实用性为主，要是没什么特殊办事诉求，百十块钱的土特产可以多一些，主要起到日常维护的作用。

到中秋春节这种大节，尤其是春节，走亲戚的话，建议礼物要表达尊重，不可太轻，但也别太重，对方还礼有压力。

2. 老师和同学

主要针对有较为深厚情谊的那种，泛泛之交不必理会，礼物可以有一些纪念意义，比如展现学校特点、有同窗情谊，同时摆放出来有面子有特色的那种。

我曾见过给老师送锦旗和奖牌的，尤其是离开学校后给老师送，非常讨巧。

至于礼物的价位段，针对师长，几百块到千把块钱；针对同学，两三百块也就足够了。

3. 领导和同事

一般送礼在逢年过节，或者生日、婚丧嫁娶这类重要时点。

同事的话，关系好就送，关系不好就算了，偶尔买个下午茶大家分分就行了，点咖啡的时候多点一杯这样。如果非要送礼，建议考虑对方回礼的能力，不要给人造成太大困扰。

给领导也最好挑生日、升职这样的时间，如果在办公室送，最好是大家都能分享的土特产，如果篮、鲜花、蛋糕等，不要太显眼招摇。

如果和领导有私人交往，可以寄或者送到对方家里，那就比较灵活多样了，逢年过节都可以寄送，注意不要太廉价，一般大礼可以放在春节，小礼放在中秋。

记住，如果领导或同事是异性，千万不要送私人物品（如钱包、腰带、打火机之类的），容易产生误会。

4. 合作伙伴

业务伙伴送礼要谨慎，首先要考虑对方肯不肯收，不肯收的主要原因是：跟你不熟，怕拿人手短；你送的价位不合适；礼品不贴心不让他满意；不想在业务上给你让步。

不熟悉的人千万不要送大礼（金额高、显眼），对方一定不会收，不如从小玩意儿送起，逐步熟悉，小玩意儿包括去拜访的时候一张咖啡卡、办公室百十块钱的摆件或者工具、对方生日时一束花一个蛋糕。

如果你是甲方，那么心意到了就可以了。

如果你是乙方，建议礼重一些，可以给对方的团队里的小伙伴弄点水果、零食、蛋糕、鲜花之类的放办公室，不显眼也显得自己很懂事。

同时给对方团队里的带头人重一些，要一下私人地址寄送过去，要么就是购物卡，去开会的时候给人塞过去，千万不要显眼，授人以柄。

5. 求人办事

最好找中间人咨询，送什么价位、什么档次。

以上是大概的逻辑，针对具体情况，我建议分以下几类处理：

1. 职场新人（工作 2 年以内）

不建议你给领导同事送礼了，因为收入也不高，送了也没啥用，对方一般来说对你也没什么诉求。

2. 主管 - 经理级别（工作 3–5 年）

此时建议你申请一些预算，给你的对外合作伙伴送一些小礼品，趁着过节，用公司资源做自己的人情。

公司也会批预算，只要不太离谱，尤其是中秋春节这种节骨眼。

3. 项目负责人

你应该早点规划礼品预算和安排，给合作方、外部关系，甚至竞争对手都送一些，体现自己处事周到，人情练达。

建议大家可以按照以上规则，组合使用。

送礼这门技术，也是越练越熟悉，越送越到位，不要担心一次两次送不到对方心坎上，满足不了自己的诉求。

最好的工夫都是在平时，把感情基础牢牢打好，通过一次次沟通，一场场礼尚往来，在职场打开合作的渠道，找到值得信赖的伙伴，这才是我们送礼的最大意义。

Lesson 32

别以学历论英雄　条条大路通罗马

经常有人毕业几年后问我，“我学历只有三本怎么办，是不是应该去考研”？或者“我大专学历，听了你的呼吁想去大城市看看，但又很害怕，不知道能找什么工作怎么办”，诸如此类的。

我很讨厌这种问题，因为都是屁话。现在每年800多万应届毕业生新鲜出炉，你们若是90后，那早就赶上了大学扩招，请看以下数据：

2004年，全国普通高校毕业生人数280万人；

2005年，全国普通高校毕业生人数338万人；

2006年，全国普通高校毕业生人数413万人；

2007年，全国普通高校毕业生人数495万人；

2008年，全国普通高校毕业生人数559万人；

2009 年，全国普通高校毕业生人数 611 万人；

2010 年，全国普通高校毕业生人数 631 万人；

2011 年，全国普通高校毕业生人数 660 万人；

2012 年，全国普通高校毕业生人数 680 万人；

2013 年，全国普通高校毕业生人数 699 万人；

2014 年，全国普通高校毕业生人数 727 万人；

2015 年，全国普通高校毕业生人数 749 万人；

2016 年，全国高校毕业生人数 756 万人；

2017 年，全国高校毕业生人数 795 万人；

2018 年，全国高校毕业生人数 820 万人。

实施普通高等教育的教育机构有：大学和学院、高等职业技术学院 / 职业学院、高等专科学校、独立学院等。

其中，大学、学院主要实施本科层次教育；高等职业技术学院 / 职业学院、高等专科学校主要实施专科（高职高专）层次教育。

你们自己看，扩招速度如此之快，你自己上三本 / 大专的时候，怎么没觉得自己学历低呢？你怎么没退学回去重新高考呢？

眼下都工作好几年了，才嫌低，一言不合就想考研，仿佛考研能解决你们转行、跳槽、升职加薪的一切困难，这叫什么？——战略上的懒惰，俗称“愚蠢”。

学历是读书时候的事，都扩招成这样，你依然连个一本都考不上，那只能说明你不是那块料，不擅长读书，要么就算了。就像我不擅长体育，就不要走运动员路线了，何苦折磨自己呢？

不擅长读书，算是你的缺陷，但并不致命，毕竟现在还是不会读书的人多。

国家统计局数据显示：按照2010年的人口普查，每十万人口中受大专及以上教育人口数为8930人，比率为8.93%，不足1/10。

此外，我国竟然还有5466万人是文盲。文盲在我国的定义是：超过15岁，不识字并且不会写字的人。

你若是大专学历，其实已经赢了91%的人了，那么多人都过得好好的，可见学历不是论英雄的唯一标准。

我一直都建议大家把工作做在前面：你可以改善学历的时候，要想“我学历太低怎么办，我要改善”，而不是都活到30了才担心这种问题。

你眼下的重心应该放在我要怎么赚钱养家糊口上面，不要和10年前的遗憾死磕到底。

你头悬梁锥刺股搞成博士了又怎样？还不是要出来赚钱？那你就直接赚钱好了，别缘木求鱼。

我之前写过不少故事了，我有个读了大专的表姐，确实不是读书那块料，很喜欢动物，开个宠物店，一年净利20来万。

协助我买房的中介小哥，我也写过。

我在2015年因公司搬家要去单位附近租房，随便推开一个门店，他热情洋溢地接待了我。当时他二十出头，大专毕业，河北农村人，刚来北京，骑个自行车走街串巷地带我看房，但后来我从朋友那里找了房源，没在他手里成交。

他也乐呵的："没事儿，找到就好！"朋友圈里推房源，我看他从来不癫狂，很有序。去年我要买房子，想着照顾他生意，跟他说了预算和意向，让他帮忙找。

那会儿我还在深圳，每个月出差回京。他提前找好房源，拿了钥匙自己去看，拍小视频发给我预览，我看上的他就安排在我出差期间抽空看房，井井有条。

把周边幼儿园、小学、医院、公园、菜场超市、房内户口情况、物业停车情况等都整理出来，打印装订给我留存，还附上近三个月同小区可参照的成交价。

就这样，我们实地考察十几套就定下来了，整个交易期间我人还是在深圳，全靠他安排各种时间，期间我还委托他人替我去办理手续，也是他从中协调的。

在他的尽力协调下，整个买房过户的流程顺顺利利地推进下来了，我比较满意，觉得这个年轻人真是挺利索，办事又有分寸，很诚恳，值得信赖。

他带我看房的时候就已经开上小车了，听他说也在燕郊买了两房一厅，主要是 2015 年和 2016 年这两年生意特别好，照顾他的客户也很多，朋友推朋友，他是金牌销售。

写这个人其实是个典型案例：出身农村、一穷二白、学历也差，他要是跑去当个办公室文员，那是一辈子无出头之日。所以干脆另辟蹊径，走勤劳致富路。

我之前不建议大家一毕业就去做“低级服务业”和“销售”，现在想来，这两点建议，是给和我一样学历还行的女孩的建议，不适配底层。

我认为的“低级服务业”不是说层次低，而是不用脑，比如：前台、保安、收银员之类，你做这种岗位是浪费时间，因为根本没有升级和学东西的可能性。

不建议教育背景佳的女孩去做销售，是因为很多销售层级比较低，野路子出身的人多，你没有靠谱的师傅带着，学不到有效的销售技巧，也浪费时间。

但对于背景不好的人来说就没有这种包袱了，反倒可以从这些方面弯道超车，快速积累财富。再不济，通过销售锻炼的“厚脸皮”认识了一堆人，也没坏处。

你不用非跑去做房产中介这才叫销售，绝大部分行业都有销售，也都很需要销售。其实没什么秘诀，就是不停认识别人，提供满足对方需求的商品和服务。

起点低，这确实是你的缺陷，但不用因此绝望。

很多自媒体从业者，那些营销号、大V也没几个有学历的；

很多抖音红人、淘女郎、带货女王，也没几个有学历的；

开淘宝店、做微店的，没几个有学历的……

为了不给自己留遗憾、为了有更广阔的选择范围、为了看到更远的世界，这些都是好理由，你该搞学历就搞，学习和上进本身就是会乐趣无穷的。

但要是为了赚大钱、为了转个行、为了换个工作，你是没必要杀鸡用牛刀的，直接干就是了，学历和这些目标，并不是直接挂钩的，别白费力气。

成年人把风险前置，尽量少走错路；但真错了也不必要死要活的，把手里的资源用足了，勤快伶俐找出路就行了，没什么好绝望的，天无绝人之路。

最重要的是脑子要清楚，信念要坚定，对钱和更好生活的渴望要充足。

Lesson 33
学会订立明确可执行的目标并去拆解它

今天给大家分享一个工作方法，蛮适合大家检视自己阶段性工作进步的情况。

可能有很多互联网公司已经在用了，叫 OKR（Objectives and Key Results），翻译成“目标与关键成果法”，是一套明确和跟踪目标及其完成情况的管理工具和方法，由英特尔公司发明。

中信出版社还专门出版了《OKR 工作法》的一本书，进行详细解析。不过我觉得不是 HR 的话，不必买来看，了解大概原理就可以了。

在这里大致介绍一下原理：

OKR 和 KPI 类似，都是绩效考核的方式：

首先要确立组织和个人目标，并对目标进行细化拆解，但是 OKR 灵活度更高，更强调对项目的推进。

制定 OKR 分了几步：

比如以季度为单位，这个季度我们要完成 4–6 个目标（Objectives），针对每一个目标，我们要设立它的（Key Results），一般来说，不建议超过 4 个；

目标要是具体的、可衡量的，可以超出事物正常的发展范围 20%–30%，这就是俗话说的“立大志者成中志、立中志者成小志，立小志者不得志”；

针对每个目标，要明确 KR，即：为了完成这个目标我们必须做什么？

KR 要以产出或者结果为基础，可衡量的，并设定评分标准，能够和目标直接挂钩，且在一定时间范围内（如季度内）

目标定下来后，如无特殊原因不建议调整，但 KR 可以随时调整，根据事态的变化。也建议大家定期去做 KR 的回顾，看是否需要调整。

这么说好像不好理解？那举个工作中的例子：

假设你是企业 HR，负责的是招聘板块，这个季度你的目标可能是“完成业务部门所需的招聘任务”，那么放到 KR 中可能有以下几项：

KR1 为销售部门招聘到 2 个销售总监、4 个销售经理、6 个销售助理，平均每月 4 人。

KR2 为采购部门举办专场招聘会，平均每月 1 场。

KR3 和 XX XX XX 招聘网站达成合作，平均每月选 10 个候选人。

那每个月的考核就看具体是否达到了这些数量指标，同时需求是否调整，KR 是否也会跟着变动。

假设你是个互联网运营，你本季度的目标是“增加用户”，那么建议你把目标明确为“3 个月增加 50 万用户”，你的 KR 可能是：

KR1 平均每 2 周举办一次线上活动，增大曝光，吸引 20 万用户关注。

KR2 和 XX XX 公司 / 部门联合发起活动，平均每月 1 次，导流 30 万人。

举个生活中的例子。假设你想改善身体素质，给自己定了一个季度的明确目标“跑步 120 公里”，那么相应的 KR 是：

KR1 平均每周跑步 10 公里，每周三次，每次 3.5 公里。

KR2 确保饮食、休息跟得上锻炼强度：平均每天睡 7.5 小时，吃够 2 斤蔬菜，60 克蛋白质。

是不是非常清楚？远比你设定一个模糊的目标“我要锻炼身体”更具备可行性了吧？

再举个简单的例子：

假设单身的你，想要半年内找个男朋友，你的明确目标是“我要找个身高 175 厘米、本科毕业、30 岁、XX 籍贯、XX 行业、热爱运动的男朋友”，那么你的 KR 可能是：

先优化自己：KR1 每周健身 3 次，3 个月内减肥 10 斤。

再增大目标人群：KR2 每周参加一次户外活动，每月参加一次 XX 行业 / 公司的聚会。

加大和目标人群的接触面积：KR3 督促亲朋好友每周给我介绍 4 个男人，完成面谈 2 个。

无论你能不能完成，这个过程是不是具有很强的指导意义，让你觉得人生充满了秩序?

这真的是一个超级好的方法，能够帮助你明确如何更有效率的完成一个有野心的项目，如何监控你要做的事，建议大家学会在工作生活的方方面面去应用。

再多说一些在工作中，很多组织都是在一个周期内，由上而下地分配企业目标。

比如 CEO 定出：今年净利润 1000 万，倒推出需要 1 个亿的销售额，总共 4 个销售大区，平均分配 2500 万销售额，然后销售大区再逐层划分销售任务。

采购部门根据 1000 万净利润的目标定出需要多少采购量，也是逐层划分；

后台运营部门（财务、法务、人事、行政等）预测出需要多少员工，将产生多少成本，需要削减哪些不必要的开支，然后平均分配到每个小组、每个月份。

这样的目标制定方法看起来是很结构清晰的，但实际上很难真正落实，这是类似 KPI 的考核办法。

你知道你分配到的今年的销售任务是 100 万，但你没仔细想过如何做到 100 万，需要新增拓展多少新客户？需要维护几次老客户？是否需要和外部企业联合举办市场营销活动？是否需要请个销售助理协助你？

做不到怎么办？对个体而言，可能是简单的：今年奖金少发！或者干脆不发。

但针对整个组织，这样简单粗暴的结果好吗？并不好。因为你不知道哪里出问题了，哪个环节掉链子了，哪个人没配合好别人，如何避免这样的事情再次发生？

这个方法你尝试去用，还能增强你的逻辑能力。因为我发现很多人是不会提问的，也不会订立目标，更不会拆解目标的关键因素，找到实现的方法。

这就很可惜了，因为这是很愚蠢的学习方法：你遇到一个事，脑袋空空我该怎么办？别人告诉你方法了，你记住了，解决了。遇到一个新题型情况反复：脑袋空空我该怎么办？

我们讲灵长类是动物中智商相对高的，最关键的点在于它们会学习、总结经验、传递经验、用经验解决问题，还会制造和运用工具。

很多人在读书的时候没学会方法，很不幸做了个差生，在往后的工作中也会很吃力。因为差生和优等生最大的差异就在于思维方法。

人面临的情况是千变万化的，如果你非要一事一议，每当遇到个新题型就蒙圈了，只记得住解这道题的方法，而不是融会贯通，那人生真的太辛苦了。

其实你们去观察那些聪明人，他们学业、工作，甚至娱乐活动都搞得很好，那是因为有太多方法是可以举一反三灵活运用的，你生活的方方面面都是彼此关联彼此映衬的。

总结一下 OKR：

在一定时间内，目标要明确、具体、可衡量；

每个目标要拆解出 1–4 个关键因素，和时间挂钩，完成这些关键因素目标就达成了。

Lesson 34
别总想着删号重练　去正面刚

最近接到很多问答都是关于咨询如何重新起步的。无论是做着没激情的工作，温水煮青蛙好几年，幡然醒悟想要改弦更张的，还是被婚姻拖累若干年，对配偶的家庭缺位极其不满，恨不得一了百了的。

有三十多岁觉得自己的行业没前途看其他人风生水起很想改个行业的；还有读了本科又读研都快毕业了发现真的不喜欢这个专业想转方向的；再者就是被家人骗回小地方考公混几年郁郁寡欢还想再去一线拼搏的……

她们着急忙慌地问：我还能不能重新开始，我换个方向会不会更好些？

怎么说呢，换当然是可以的，改革也是很好的，但你不能慌不择路呀！

我一直都反复提倡思维方法思维方法，之前也讲过，遇到问题三步走：

1. 问题是什么？

2. 我想解决到什么程度，愿意付出什么代价？

3. 解决的方法有哪些，哪个最适合我？

很多人希望解决问题，找到突破，但总是绕道了更远的路，给自己带来更大压力。

举个例子：很多人容易一言不合就考研，工作不顺想考研，换个城市想考研，逃避爸妈催婚想考研，总之把考研当灵丹妙药。

咱先不说考不考得上，就算是顺利考上了，读完了，你想解决的问题解决了吗？你不是还要投简历、找工作、换城市、找男人吗？确实是帮你抬高了身价，但是你不觉得这个道路太曲折了吗？

麻烦一点都没少，还要花去少则三年，多则不知道多少年的时间，那你为什么不和困难正面刚，直接开始投简历、找工作、换城市、找男人呢？干这些事情需要三年吗？

你简历不行就改简历，投 10 个工作杳无音讯那就投 100 个，把以前所有的同学同事老师朋友都发动起来给你推荐工作机会，帮你背书，搞不好俩月就敲定新 offer 了呢！

这和我们父母那一辈是一样的：一言不合生孩子。

痛经？生个孩子啊！

身体不好？生个孩子啊！

稳定婚姻？生个孩子啊！

婚姻又有危机了？那就再生一个孩子啊！

朋友，痛经就吃布洛芬（强烈推荐，无副作用，医生推荐），身体不好勤锻炼，婚姻不行了就离，犯不上兜这么大个圈子把自己搞得精疲力竭。

且不说孩子能不能解决问题，孩子本身就是个大麻烦，和考研是一个道理，考研本身就很困难，你不能再给这些困难赋予更多的期待。

很多人更可恨了，一个孩子养不好，没有给孩子培养起良好的习惯，没做到足够的资源投入，孩子泯然众人不说，还有着各种各样的情感缺陷。

但这些不负责任的父母不是想着弥补孩子，而是打算生个二胎，等于一个号废了那就再练一个。知道“责任”二字怎么写吗？

我粉丝里有很多姑娘，好好上着大学，放假回家一看，多了个嗷嗷待哺的弟弟，差20多岁！从此资源都被剥夺了不说，只能祈祷父母长命百岁，否则还得抚养幼弟。

我对这些父母的生殖能力赞叹不已，说好的最佳生育年龄24–28岁呢？说好的35岁以后高龄产妇生孩子容易出问题呢？这个时候怎么不讲优生优育啦？孩子还没高考你都该养老了，孩子的后半生怎么办呢?

真诚地建议大家:放下逃避,去解决问题。

任何人遇到困难都不舒服,逃避当然是第一本能,但作为职场人,学会控制第一本能很重要。

这和很多人在工作中与人产生隔阂就逃避沟通一样。

产生了误会,很多人就“你讨厌我,那我也讨厌你”,在“力的作用是相互的”牛顿第三定理下,关系越来越僵,直至崩盘。

实际上,正好是给了你们沟通的机会,本来还没什么契机和对方交流,现在天降的机会来了,虽然可能吃闭门羹,也可能要厚着脸皮多凑几次,但解决问题才是最重要的不是吗?

同学们,要用这种百折不挠的滚刀肉精神去面对生活,“众生皆苦”,区别就是先苦还是后苦。

你们跟我的课这么久,也知道我是个提倡奋斗的人,在我看来,先苦比后苦要强点。

先苦 = 拼命读书、考一流名校、找一流工作、赚钱攒钱买房置产、拼命提拔自己抬高身价。这肯定特别辛苦,需要十几年甚至几十年劳作。你要规范自己、不断精进、得和外界拼命竞争,万丈高楼平地起,基础打好了才可能厚积薄发。

所谓的“先甜”= 趁着年轻貌美享受生活、随便读书、随便工作、生儿子、温柔贤惠维持婚姻。

后面会不会苦我不知道,我不敢主观臆断。但我认为人不能只靠运气过后半辈子，你得有手段。

手段＝危机处置能力，这要靠你的资产、资源、能力、社会化程度来决定。前期若是积累不足，后继乏力是难免的。

工作一定要做在日常，千万不能心存侥幸，你绕开的坎，迟早会反扑。

鼓起勇气正面刚吧，朋友们。

Lesson 35

该怎么对待你的钱

我作为一个学金融的人，经常被问到应该怎么投资，那么就亲自上阵写一篇操作性的理财文章，供大家参考。

在一开始，有几个前提：

1. 首先要明确：你必须理财。

把脑海中“理财是有钱人的事”这个概念抹掉，如果说在2012年互联网金融出现之前，理财尚且有门槛，现在几乎是一点门槛都没有了，人人可以理财，一毛钱都可以理财，慎重对待自己的财富是非常重要的。

2. 其次要认识到：理财并不简单。

理财是一个很大的概念，对于不同年龄、不同阶段、不同诉求的人来说，理财是完全不同的，你要慎重对待，而且要经常学习，不要怕麻烦。

3. 理财有风险，通常来说，高风险高收益，低风险低收益。

风险不是坏事情，只要控制好，管理好即可，不存在绝对没有风险的事情。

哪怕钱锁在家里保险柜中 也有风险：首先是“机会成本”，其次是“货币的时间价值的不同”

其次，我们要区分消费和投资：

一般来说，钱有两个去处：

1. 消费，用于购买产品或者服务。

2. 投资，用于保值增值，钱生钱。

对于前者，我提倡大家合理消费，尤其是资源资金不多的人，还是谨慎出手。

十九世纪，德国统计学家恩格尔提出了一个概念“恩格尔系数”，即食品支出总额占个人消费支出总额的比重，这是一个家庭或一个国家富裕程度的主要标准之一，用我们国家的话说叫“民以食为天”。

现在我国的恩格尔系数大概在 30%，即 100 块消费中 30 块是用于食品，已经算作相对富裕的国家了。

在一二线城市的年轻人，你大概会花掉 30% 的钱吃饭（包括零食水果），20%–30% 的钱去租房，10%–20% 用于交际娱乐和其他类消费（如3C[1]类、服饰、化妆品等），每个月盈亏平衡就算你没输，如果还有10%的结余那真是很不容易了。

我建议大家学会记账，有很多傻瓜式操作的软件，或者每个月导出支付宝账单回顾一下。

第三，投资工具有哪些：

从大类上来讲，大部分人能接触到的就分几类：

1. 储蓄类

主要是银行储蓄，活期，以及不同期限的定期。

这类是目前来讲风险最小的，也是我们父母最喜欢用的，保本型理财工具。

好处是本金不会亏，且放着不必管，简单操作。

坏处是收益比较低，且定期储蓄会锁定投资期限，流动性差。

2. 基金类

讲到基金类，这至少是金融专业一个学期的课程，还是蛮复杂的，光是分类就有很多维度，要学会这种投资方法，要去下功夫研究。

对于投资小白来说，最实用的分类法，就是按照投资对象来分类：货币基金、债券型基金、股票型基金、混合型基金。

（一）货币基金：是一种开放式基金，以投资于债券、央行

1. 指的是计算机、通信和消费类电子产品三者结合，亦称“3C小家电”。

票据、回购等安全性极高的短期金融品种为主。

特点是：本金安全、资金流动性强（类似银行活期储蓄）、低收益性（相较于银行储蓄是高的，但相较于风险较高的基金是低的）。

我们最容易接触到的是各种“宝宝类”理财工具，比如余额宝（天弘基金旗下）、腾讯理财通（易方达旗下），基本上互联网理财选这两家就够了，十分省心。

如果还有兴趣，可以去“天天基金网”上看看“每日公布收益排行榜”。

（二）债券型基金：根据中国证监会对基金类别的分类标准，基金资产80%以上投资于债券的即为债券基金，主要投资对象是国债、金融债和企业债。

通常来说，债券型基金收益率高于货币基金（同时风险也高），但低于股票基金。大部分情况下，购买债券型基金，你的本金不会亏损，但受利率风险影响非常大。

上海证券报的报道《债券基金表现不尽如人意 多只产品宣告清盘》中称：“今年债基平均收益率仅为1.56%（题外话：一年期银行定存收益率为1.5%），且有200多只债券基金出现亏损。此外，未来银行理财等业务面临调整，债基或面临一定的赎回压力，近期已有多只债券基金公告清盘。”

至于债券型基金怎么选？你要全力关注利率的波动趋势，主要影响因素是央行的政策，由于利率经常调整，债基基本上可以算作看天吃饭凭运气，所以靠往期收益率来判断也不是那么靠谱。

（三）股票型基金：同样按照证监会的规定，基金资产80%以上用于股票投资的即为股票基金。

收益率上来讲，股票基金是所有基金中收益最高的，同时也是风险最高的，其收益率非常依赖几个因素：

1. 大盘情况。

2. 基金经理的水平。

3. 基金公司。

买股票基金比你直接去买股票要好的是，本金不多的情况下可以集中力量办事，基金经理的专业化程度比你强，比较适合有一定风险承受能力的人购买（比如你可以接受30%的本金亏损）。

购买决策时，我自己喜欢看几点（天天基金网上都可以看到）：

1. 选规模比较大，历史比较久的基金公司。

2. 着重看基金经理人的履历和其过往业绩。

3. 看各类评级机构的评级，如中信、晨星。

4. 对大盘走势的预期，以及各类行研报告。

（四）混合型基金：将部分资金投在股票上面而另一部分资金投在债券上的基金（投资比例可变化调整）。

兼具债券基金和股票基金的优势，同时使用激进和保守的投资策略，是目前最主流的基金产品模式，选择方法类似股票基金。

3. 股票类

这类就很难讲了，主要是看大家艺高人胆大，愿赌服输的上，不建议小白随便尝试，很容易被割韭菜。门槛可高可低，有买一手的钱就可入市，收益率不好预估，有赚得盆满钵满的人，也有血本无归的。

我对新手的建议是：

1. 绝不要随便听消息，消息到你手里，已经是不知道多少手了，消息最大的作用就是时效性，你把握不准的。

2. 形成自己的评估方法，现在有很多的分析手段，基本面分析和技术分析是最常见的，你得去好好研究琢磨。

3. 可以找一些投资顾问，目前我国持牌投顾大概才三四万人，还是很稀缺的；也有机器人投顾了，可以帮你进行初步筛选。

4. 期货类

这个离普通人就更远了，期货的概念是对应于“现货”的，可以是某种商品，也可以是金融工具。

大类上来讲，商品期货是最早开始的，古希腊和古罗马时期就已经萌芽了。我国则是从1990年开始，最早是基于粮食的流通体制。目前商品期货分为农产品类（大豆、小麦、玉米、棉花等）、金属类（铜、铝、锡、黄金、白银等）、能源类（原油、汽油、橡胶等）。

金融期货主要是指数型期货，我国最常见的为沪深300指数。

投资方式上，开户方面，商品类期货几乎是没有门槛的，开户免费，无资金限制，你带上身份证去期货公司开户即可。

5. 外汇类

这类的投资方式简单来说就是利用不同国家不同币种间汇率的波动，通过兑换货币来获益。

外汇市场是世界经济中最大的金融市场，参与者极其广泛，既有各国政府、央行、商业银行、商业机构、投资机构，又有各种跨国组织和遍布全球的散户，可以说是全年24小时无休、资金流动性极高的一个市场。

作为散户，还是要好好学习基础知识，万不可贸然操作。

6. 房产类

这类我之前写过一个女性在一二线城市首套房购房指南，首套只能叫刚需，还算不上投资需求，但一些逻辑可以再回顾一下。

目前房产投资成了一个特别复杂的课题，因为不同城市有不同的要求，政策瞬息万变，各种文章层出不穷，我认为找中介是搞不定的，如果你们有需求，要去找房产投资方面的专业律师协助。

7. 虚拟货币

起源是来自于游戏币，以及某些互联网公司发行的用于购买自己产品的工具（如腾讯Q币），现在最热的是数字货币是基于区块链技术的比特币。

比特币是近年来的热门话题，从年初的几百美金/枚，到现在破万美金/枚，我也在微博分享过几次比特币操作获利的经历，很可惜，从今年十一之后就没再玩了，原因是政策限制。

此外，有人把保险也作为理财工具，我个人不这么看，因为即便是储蓄型保险，其主要功能也不是理财，而是保障，收益率也比较低，可以不做理财考虑。

最后是如何选择适合自己投资。

讲到选择产品，每个人根据不同的年龄、阶段、需求，都有不同的安排，我初步做如下建议：

1. 明确目标

首先问清楚自己理财是为了什么，搞清楚自己的承受能力如何，可以接受多少亏损，然后据此选择适合你的产品

你去证券公司开户也好，在银行买理财产品也好，哪怕想试试腾讯理财通，都会对你做一个风险承受能力的测试

2. 考虑自己所处的阶段

学生时期或者刚工作，开销比较大，此时通常又没什么额度高的信用卡以及消费贷可用，流动性最重要，建议选择货币基金，积少成多

当你手中有10万元以上可投资的资金，我建议可以做个配比：

（一）其中10%–20%用于流动性需求，比如可以放在货币基金里，以应对不时之需。

（二）20%–40% 可用于一些期限比较长（比如 3–12 个月）的理财产品里，购买渠道可以是银行理财产品，也可以是互联网理财，注意选择大平台、大品牌，不要被超高收益率忽悠了，我个人建议，年化收益率超过 12% 的理财产品就不要碰了。

（三）看你的风险承受能力，其余资产可以用于基金类和股票类产品，数字货币也行，要注意政策性风险。

当你有 50 万元以上资金，就可以考虑买房了。

如果在一二线城市，这个本金还是太少，你要找父母支援 50 万元的话，上车盘是可以撬动了，无非就是小点远点。

当你人到中年，上有老下有小，处处都要用钱，又背了一屁股房贷车贷的时候，我建议投资要偏稳健了，高杠杆高风险的产品很可能会让你的家庭冒比较大的风险。

建议可以把更多的资金放在流动性需求方面，同时考虑给家人一些保障，比如买一点保险，尤其是医疗险，以及养老型的险种。

此外，继续做房产投资也是一个很好的选择，未必是住宅，现在有不少写字楼、商铺以及房地产基金都是不错的渠道，可考虑。

当你到四五十岁以后，你曾经很看不上的储蓄可能进入视线了，像我们的父母一样，储蓄很适合风险厌恶型的人。

最后的最后，今天讲的只是一些逻辑框架，一定要记住，风险和收益是正相关的，投资是一门很有门槛的技术，只能不断地学习，才能日益精进。

Lesson 36
你的第一份商业保险怎么买

保险有哪些分类？

从缴费形式来区分，保险分为：

1. 消费型保险：客户（投保人）跟保险公司（保险人）签订合同，在约定时间内如发生合同约定的保险事故，保险公司按原先约定的额度进行补偿或给付；如果在约定时间内未发生保险事故，保险公司不返还所交保费。

比较常见的模式是交一年钱就保障一年的保险，出险就理赔，不出险钱也不会退，一般是意外险、住院医疗险等

消费型保险的较为适用于年纪尚轻、事业处于成长期、消费开支较大的人群，年轻的时候买比较便宜，缺点则是保费会随着年纪增长，到五六十岁之后的支出大幅增加，同时无法获得终身

保障（有不少险种只保到 70 周岁），在续保上有可能受到影响（即保险公司未必会续保），导致年老时没有保险可买。

2. 储蓄型保险：是兼具保险和储蓄两种功能的险种，也是我们平时说的返还型保险，在一定的年期内缴费，终身保障，出险就理赔，不出险也可以拿回现金价值（就好像逐年零存保费，到期后进行整取，与银行的零存整取相类似），一般是重疾险、寿险等。

储蓄型保险的费用一般不会增长，其实就是将消费险几十年的费用在短期内拉平，同时因为导致你损失了时间价值，所以在退保时可以拿回现金价值，不出险钱也不会打水漂，缺点则是初期缴费会比消费型保险高。

保障内容有什么区别？

1. 寿险：以人的生死为保险对象的保险，是被保险人在保险责任期内生存或死亡，由保险人根据契约规定给付保险金的一种保险。

2. 重疾险：针对某些重大疾病的险，患上指定疾病才能理赔。

3. 住院险：被保险人进到医院里面产生了费用（如药品费、住院费、治疗费、检查费、材料费等），保险公司按每类费用规定的比例进行实报实销的保险。

4. 意外伤害险：以意外伤害而致身故或残疾为给付保险金条件的人身保险。

另外还有分红险、万能险等，因为更偏重理财而不是保障，这里不赘述。

你应该花多少钱买保险？

一般来说每年保险费用的支出控制在年收入的 15% 以内是最合理的，最多不要超过 20%。

大家可以根据自己的年收入算一下，支出少于 15% 的，说明可以适度补充。

超过的，则应该看看是不是要取消一些。

网上比较流行一种叫“标准普尔家庭资产象限图”的东西，号称保险应占比 20%。

其实标普才没有出过这个东西，我很怀疑这个东西是我的同行搞出来劝大家买保险用的，请不要相信。

女性的保险应该怎么买？

1. 重大疾病保障

重疾险要第一个买！重疾险要第一个买！重疾险要第一个买！重要的事情说三遍。

如果我们单纯对比平均寿命，女性比男性长寿。

但由于生活压力等原因，女性乳腺癌、卵巢癌发病频率较高，尤其是对中年女性来说，其他重疾发病率也要高于男性。

但不用太担心，这些重大疾病的治愈率和 5 年生存率都很高，只要每年定时体检，并且尽早以重疾险撬起“医疗储备金”杠杆，即使遇到健康问题，也能够平安度过。

重疾险的保额一般建议做到年收入的3–5倍，因为不仅仅是治疗费用，更多的是收入补偿、后续调养、进口药物等等的费用，当然大前提还是要以保费支出能够负担为主。

很多年过三十的女性可能已经有乳腺囊肿、子宫肌瘤等小毛病，一般情况下即使投保，相关器官也有机会被“除外”，得不到保障。

但现在有些产品允许客户在投保时已有良性病变，也有机会获得100%保障。

2. 可以覆盖债务的寿险

我们想象一个场景：单身的你有一套正在还贷的房子，贷款大约还有100万没还完；你的父母已退休，收入只够日常生活，此时若你出现意外事故，并因此死亡了。

那么父母面前两种选择：要么卖房还贷款，要么替你还贷款留下房子。

问题是，房子不是一个可以马上变现的资产，父母的收入也不够帮你还，怎么办？

如果你有一份100万保额的寿险（以人的生死为保险对象的保险），这个问题就不是问题了。

3. 养老保障

如果你手上有10万块，你会买1个爱马仕、3个香奈儿还是一份储蓄型保险呢？

如果真的发生什么变故，或者自己年老时挣钱能力下降，包包可以带给你稳定的生活收入来源吗？到时候如果要卖包，二手货值钱吗？

30 岁开始准备养老钱一点也不早，毕竟退休的时间是固定的，而退休时我们的财务会怎样是未知的。除了投资之外，用一部分资金作稳定回报的储蓄，可以起到保底作用，有了这个基础，做起其他投资面对涨涨跌跌才更有底气。

需要提醒的是，储蓄型保险的回报率不会太高，可能跟银行定存相差不大，用网上现成的 IRR 计算器一拉，平均年化收益在 5%–6% 即为不错的选择。

我是否要去境外买保险？

境内保险和境外保险有什么区别，很多人都不是很清楚，大家境外保险买的比较多的是香港和美国，两方代理互相攻击的场景非常多见。

事实上，大多数内地代理在攻击境外保险的时候连基本逻辑都说不通，而很多境外代理连内地保险的产品都不熟悉，用的一些数据也都落后，这种互相攻击是没有意义的。

内地的保险产品更新换代很快，加上某两家基本处于垄断地位，产品溢价太多，所以小公司要抢占市场，时常会有一些令人惊喜的产品出现。但整体行业素质有待提高，很多人不相信保险，其实是被代理误导销售导致的，把好东西做坏了。

境外保险鉴于成本问题，不是每个人都合适，比较适合财务相对自由、希望资产多元化配置的人。

一些身体不是完全健康、在内地投保不确定的，也可以试试境外保险，像我前面写的可以接受已有良性病变人士投保的，就是香港的产品。

最后提醒：

1. 根据自身情况谨慎选择，不要贪大求多。

2. 考核代理人，尤其是针对国外的保险：不论产品也好公司也好，和你接触的始终还是你的代理，后续服务几十年，核保会不会帮你跟公司争取，理赔会不会积极跟进，这些都可以看出一个人的专业程度，一个负责靠谱的代理比什么都重要。

Lesson 37

该在春天做的努力不要拖到秋天再补

董明珠曾在新浪财经之夜上说，“我平常跟别人说我很坚强，我从来不会哭，但是我相信肯定有哭过的那一次，因为只有哭过了才体会到不容易。但是今天我们靠眼泪是无法解决问题的，唯一的方法就是战斗”。

在被主持人问到这种坏情绪是从何而起的，她表示，想哭并不是遇到了困难，而是不被别人理解，“你拼命想去做一件事，实现一件事，而且是为大家创造时，却很难去推动。”

困难就是生活本身。

我职业生涯的早期在银行，有个严肃女领导坐我旁边，是我的授权，那会儿她不过30岁，比我现在还小不少，已经很受器重，是升副处的预备班了。

她对工作的结果很重视，但人并不刻薄，把我的工作批满密密麻麻的注解，不断让我返工，一点瑕疵都不能有。为了让我明白她的意思，也多次好声好气地在我边上指导。

年轻那会儿眼高手低又玻璃心的我哪懂这些，觉得她就是和我过不去，混混就能过，干嘛要次次100分，有些瑕疵改不改，根本就不影响最终的结果，就是专门给我添堵。有时候也气得在办公室哭，她一脸无奈还得过来安慰我。

现在想来，恨不得抽自己两巴掌，感觉这些过往真的好搞笑啊，我哪来那么多戏呢！

我在10年的工作中，真的犯了不少错误，也吃了不少苦头，要说有点经验那都是委屈和心酸换来的，所以我现在就蛮喜欢鼓励小朋友，她们苦恼的事情，有时候就是卡在某个小点上，实际上咬牙坚持，只要一翻过去就发现一马平川了。

很多人跟我提问，我观察到大家不是缺人鞭策，不是骂你们几句懒虫、废物，就能激发起你的斗志，你们是真缺方法啊！

缺处理办法，实际上最缺的是分析方法。遇到具体问题不会拆解，只能着急忙慌四处寻医问药，如果遇到不靠谱的人那更是误入歧途，搞不好还走上邪路。

你不能纠结于术，每个人每天都会遇到纷至沓来的具体问题，大到择偶择业，小到今天晚饭吃什么，可以说人生就是由这样层出不穷的困扰组成的，这就是生活本身。

如果你太着眼于具体的事，希望有人大笔一挥给你指出非常清晰的明路，你一定会遇到骗子和想发你难财的坏人。

有人问我，“从制造业转行的人，适合互联网行业的什么岗位”，我跟她说，提问不要大而全，你这个问题，和“从朝阳区出来的人适合互联网行业的什么岗位”一样无厘头，你不可能得到正确答案的。

道远重于术

更主要的是学会拆解问题、分析问题，掌握“道”才是最根本的，这和大家小时候学数学有什么区别？先学定理，再看例题，然后试着解一两道题，学会举一反三，融会贯通。

虽然我一直以来都在分享方法，但我希望打开的是你们拆解问题的思路，而不是困在牛角尖里出不来，你们要拿出学数学的方法来读我的解题套路，否则这课你是跟不上的。

很多问题都是相通的，工作和生活没有那么明显的界限。

比如说，我们外交政策中反复提到的“相互尊重、平等相待，坚持和平共处五项原则（即互相尊重主权和领土完整、互不侵犯、互不干涉内政、平等互利、和平共处）”。

和一个家庭和睦相处共同繁荣的逻辑，难道不是一模一样吗？

有人奉承我“怎么才能养出你这样优秀的孩子哦”，这个拍马屁的思路很清奇啊！建议你们多用在跟客户的交往中。

我哪有什么特别之处呢？吃的亏搞不好比你们多多了，工作中哭哭啼啼也不是没有过，职业早期被打击被鄙视被客户骂“狗屎不如”也是我的日常，就是胜在能熬而已……

年轻人一定要耐住冷板凳，要给自己留成长的时间，千万不要着急，急中生躁，万一误入歧途那就麻烦了。

人在成长早期就是日新月异的，和婴幼儿的成长速度一样，以月，甚至以周为单位在变化中，所谓“士别三日，当刮目相看”。

在进入社会的早期，你们一定会遇到居心叵测的老东西，他们三四十岁，甚至五六十、七八十岁，男女都有。他们倚老卖老，故弄玄虚，人格低下，把手里的一点资源渣渣三番五次向你卖弄，摇摇钱袋子就想让你摇尾乞怜，给你制造恐慌，让你觉得走投无路然后对你进行打压，有时候甚至是为了折磨你取乐。

你千万不要上他们的套，你真跪下了，别说拿不到什么好处，反而还有无穷无尽的羞辱，甚至让自己陷入自尊低下和自我厌弃的路，得不偿失啊！

你要做的，就是远离这些老东西，好好读书、好好工作、认真储备、在乎自己的作品和口碑，静静等待自己的时代来临。

不要觉得这种人离你很远，你亲爹妈搞不好就是。

回顾一下，爹妈有没有跟你说过“超过 30 岁谁还要你，不早点嫁人生娃，你真是没出息”“不做家务，婆家打死你”，只要有类似的话，你爹妈 100% 是人格低下的坏老东西。

请学会提问　学会举一反三

董明珠这样的强悍女人，在漫长的职业生涯中都有非常多的不如意，你们愿意研究的话，可以去看看她的过往。她也经历几次波折，险象环生，但是那又如何，她带着格力成为了什么样的企业，从股价走势也能看出点门道吧。

话放在这里：我毕业 10 年，如果说还算没跑输大盘的话，只要你们掌握正确的思维方式，珍惜身体，勤奋努力，好好用脑，当你 33 岁的时候，超越我现在的概率在 80% 吧。（不说 100% 是给自己留点面子）

要学的东西很多，不要慌乱，我可以摸着良心说，我讲出来的道理，都至少是经我验证过的。我没有学习过人力资源，也不像那些咨询师有海量案例，我有的就是靠自己泥腿子蹚出的路。但比咨询师好的一点是，绝对可以落地。

虽然听起来都是老生常谈的大道理：勤奋啦、珍惜时间啦、待人真诚啦、坚持不懈啦，但就是这些普世价值，才能伴你走得更远。

苏轼在好几百年前说，“人生如逆旅，我亦是行人”，困难就是生活本身，各位读者朋友，咬着牙往前走吧。

后记：把余生当作长跑来看

翻完这本书的你，对工作和生活的“解题”思路有没有更清晰一点呢?

你也许会说，晚了晚了，已经走错路了，怎么没早点看见。很多人都对我说过这样的话，仿佛早一点知道我，就能早点成功一样。

其实不会。人在每个阶段里都有自己的节奏，你当时做出那样的选择和行为，是因为那都是符合你当时的阶段的。倘若早一点看到，你既往的思维被外力强行打乱，也许因为状态不到，理解不了，反而避之不及。

你也许会说，道理我是懂了，但用起来总感觉很费劲呢！我看别人不这样，不也活得好好的吗？

我一直提倡大家去做优等生，无论是学业还是事业。做优等生看起来比较辛苦，要把别人去玩的时间都拿来用功，对自己时刻规范，拘束得很。

但实际上，做优等生是最自由的：你只需要把时间、精力、体力都投入在眼前要专注的事上，心无旁骛地去努力。好成绩为你争取了很多可以和别人不一样的空间，比如更快地晋升、更灵活的制度、更友好的氛围，等等。

也许你曾经没想过要争强好胜，觉得做个普通人，随便混混也挺好的，大家不都这样吗，何必跟自己过不去呢。

无论你现在是 20 岁还是 30 岁，按照现代人八九十年的寿命预估，我们至少还有五六十年要过。每天 10 小时的工作占据我们人生的很大比例，职场又是我们获得社会地位、社会认同感、自我成就感的重要阵地。

用句口头禅：既然来都来了，那就好好享受吧。希望从今天开始，你考虑一下做优等生的可能性。

我们就这一辈子，之前也许做错了事，走错了路，但太阳每天都是新的，想要重新开始，从眼前就能做起，不必等到某个极富仪式感的时刻到来。现在，马上。

一开始也许会慢一点、吃力一点，但这都不要紧。不要为失败沮丧，也不要为没发生的事情太过焦虑。

我自己感到焦虑的时候，经常会用一句话安慰自己："这不过是如微尘一般的生命里如微尘一般的小事"。每当我这么想的时候，就觉得眼前这些失败、挫折、沟沟坎坎都没什么杀伤力了，这不过就是我要面临的一个阶段而已。

科技发展得很快，大家离不开的微信，2011 年才面世，不过也就八年时间而已，它的出现完全改变了你的通讯习惯；你天天点的外卖，真正风靡起来是在移动支付非常普遍之后，也才三四年时间；大家都是网约车的重度用户，但有这个服务也不过是近几年的事情……

短短几年时间，就能发生这么多变化，未来的走向更是不可预期。如果说现代人有什么能力是必不可少的，那么首当其冲的一定是能够适应变化、拥抱变化，甚至主动变化。

社会在改变，职场也一样。现在职场的中坚力量是 90 后，过两年就轮到 95 后了，他们和我有着非常不同的成长路径和做事风格，在扁平化盛行的年代里，我们都在彼此适应和磨合。

作为年轻人的你，也可以借着这本书去理解一下那些前辈们是怎么想的，看看在他们眼里，你的言行举止代表着什么意思，在他们眼中的信息是不是你想传递的，以及当你想得到他们的支持时，应该怎么做。

工作是门技术，需要你常练习、勤学习，不断打磨锤炼自己。把自己的人生抻长了看，基础打牢靠，让现在的所作所为服务于你未来的三五年之后，路才会越走越宽。

人生是长跑，一要够长，二要跑起来。愿大家在全力奔向目的地的同时，也能享受到路边的风、空中的花香，以及来自同伴的呼哨和鼓励。

Lydia 木木

新品推荐

《四大、投行、500 强
面试红宝书》
著者：黄怡然

内容简介 | 大学里的教授会教给我们知识点，带我们分析宏观环境，但是不会告诉你，在企业里到底如何正确理解商业世界的思维。在求职面试的过程中，对面试官所给出的商业问题，很多求职者学并不懂得如何正确使用分析模型和知识，他们所呈现的叫做“学生思维”，这老板们想的完全是两回事。

基于这样的经历，我们设计了这套面试红宝书。每个知识点都有相对应的案例讲解，帮助你精准模拟招聘面试现场，涵盖宏观、财务、营销、运营、组织、战略，让你在面试中有话可说。

《娱乐资本论 2》
著者：小娱作者团

内容简介 | CMC 资本董事长、CEO 黎瑞刚，博纳影业集团 CEO 于冬，完美世界影视董事长、CEO 廉洁，融创文化集团总裁孙喆一，联袂推荐。

由财经记者与娱乐记者组成的专业团队解读文化娱乐产业重要事件、公司，对业内人物进行深度报道，对行业的全局或局部透视，对新生领域或鲜为人知的行业内幕的深入探寻。

从影视寒冬到税务风波，从各大 IP 电影的“大爆”，从 BAT 在文娱业的扩张到“五大卫视”洗牌，从“偶像练习生”到“创造 101”选秀节目接连走红，从熊猫直播破产到嘉行传媒“剑走偏锋”……本书从资本视角窥探文娱行业近年来的激荡变革，回望过去，瞭望未来。

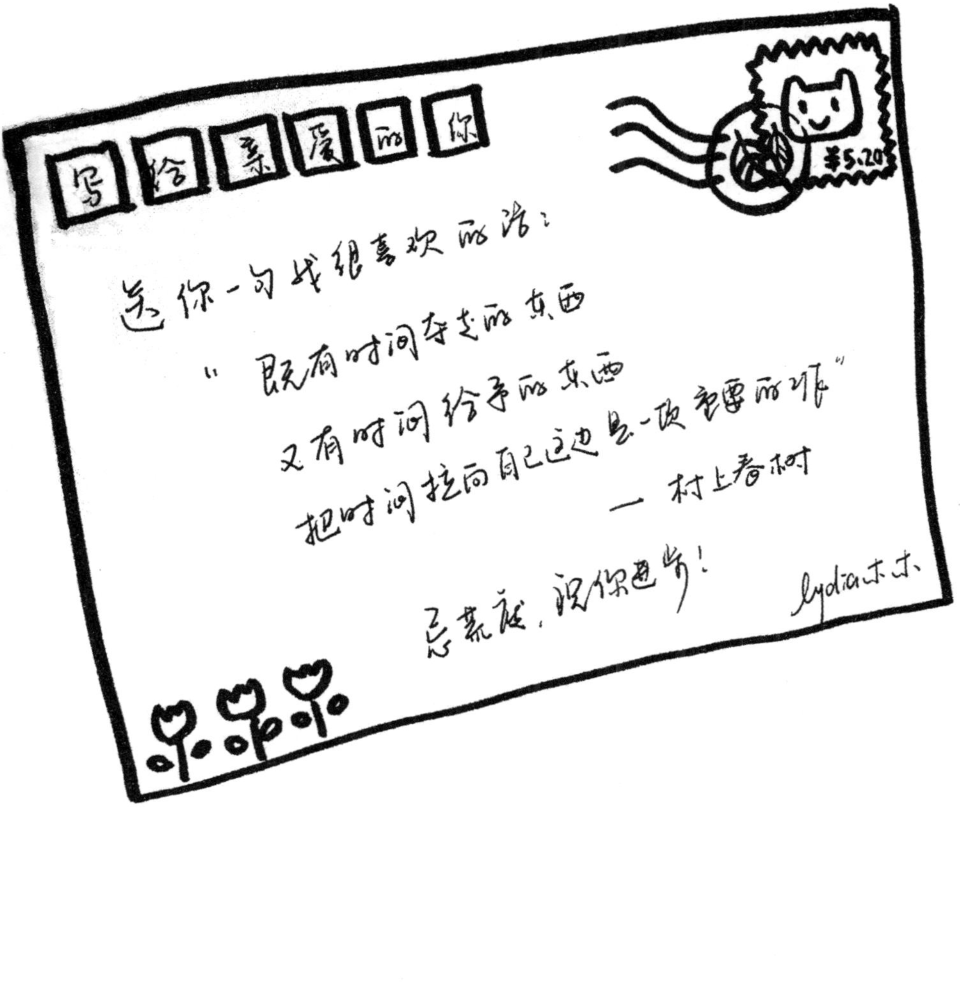
写给亲爱的你
¥5.20
送你一句我很喜欢的话：
"既有时间夺走的东西
又有时间给予的东西
把时间拉向自己这边是一项重要的工作"
——村上春树
亲爱的，祝你幸福！
lydia木木